Rebekka Behrendt
Krishna-Sara Helmle

Sprachbarrieren in der Kita überwinden

Kommunikation in Einfacher Sprache: Elternbriefe, Aushänge und mehr

Verlag an der Ruhr

Impressum

Titel

Sprachbarrieren in der Kita überwinden

Kommunikation in Einfacher Sprache – Elternbriefe, Aushänge und mehr

Autorinnen

Rebekka Behrendt, Krishna-Sara Helmle

Umschlagmotive

Punktemuster: © Iveta Angelova – stock.adobe.com;
Symbol Dialog: © linear design – Shutterstock.com
alle anderen © Verlag an der Ruhr

Lektorat

Katia Simon

Druck

Heenemann GmbH & Co. KG, Berlin, DE

PEFC zertifiziert
Dieses Produkt stammt aus nachhaltig bewirtschafteten Wäldern und kontrollierten Quellen.
www.pefc.de

Verlag an der Ruhr
Mülheim an der Ruhr
www.verlagruhr.de

Geeignet für Erzieher*innen, Kita-Leitungen und pädagogische Fachkräfte

ISBN 978-3-8346-6736-6

Inhalt

Hinweis: Zu diesem Buch finden Sie neben den o.g. „Kopiervorlagen" weitere „Zusatzmaterialien" im Gratis-Download. Die Dateien können Sie unter folgendem Link als Download abrufen: cloud.verlagruhr.de/lerninhalt/DDJG6tu7KAY0/
Passwort: Einfache_Sprache

Mit einem mobilen Endgerät können Sie auch den QR-Code scannen.

Bitte beachten Sie, dass der angegebene Link und der QR-Code ihre Gültigkeit verlieren können. Sollten Sie Schwierigkeiten beim Öffnen der Dateien haben, wenden Sie sich bitte an: digitaleslernen@verlagruhr.de

Vorwort

Liebe Fachkräfte,

die Kita wird insgesamt bunter und vielfältiger. Das verändert Ihre Arbeit, ist an manchen Tagen bereichernd und an anderen herausfordernd. Herausforderungen ergeben sich an verschiedenen Stellen: Das Thema „Sprache" ist eine davon. Denn immer mehr Eltern, Kinder und Mitarbeitende haben verschiedene Sprachhintergründe. Dadurch tauchen in der Kita immer wieder **Sprachbarrieren** auf. Barrieren sind Hindernisse, die den Zugang zu etwas erschweren oder gar verhindern.

Nicht nur andere Erstsprachen können eine Sprachbarriere darstellen. Es gibt viele Gründe, aus denen eine Person Ihre Texte nicht versteht. Vielleicht ist sie mit der Fachsprache der Kita nicht vertraut. Vielleicht hat sie generell Schwierigkeiten, Texte zu lesen und zu verstehen. Oder vielleicht lebt sie mit einer Erkrankung, die die Konzentrationsfähigkeit einschränkt.

Sie merken: Manche Sprachbarrieren sind nicht auf den ersten Blick ersichtlich. Umso wichtiger ist es, diese aufzulösen.

Ziel dieses Buches ist es, **Sprachbarrieren abzubauen** und die Kommunikation in Ihrer Einrichtung verständlicher zu machen. Wir legen den Fokus auf die schriftliche Kommunikation. Viele **grundlegende Informationen teilen Sie den Eltern über Texte mit:** Elternbriefe, Aushänge, E-Mails oder Kurznachrichten. Sie gehen davon aus, dass Erziehungsberechtigte diese lesen und **verstehen**. Im Alltag stellen Sie jedoch immer wieder fest, dass einzelne Eltern die Informationen nicht erhalten, gelesen oder verstanden haben. Dann steht beispielsweise eine Familie am Tag Ihres Betriebsausflugs vor verschlossener Tür. Oder einem Kind fehlt auch nach drei Wochen noch die Matschhose. – Mit diesem Buch können Sie das ändern.

Es richtet sich an alle **Fachkräfte in frühpädagogischen Einrichtungen**, die schneller einfachere und verständlichere Texte schreiben möchten. Es zeigt Ihnen auf, was Sprachbarrieren sind und wo diese das Textverständnis behindern. Sie erfahren vor allem, wie Sie Ihre Briefe, Aushänge sowie E-Mails zukünftig verfassen und gestalten können, sodass Sie besser verstanden und Ihre Informationen länger behalten werden.

Dafür stellen wir Ihnen im ersten Teil des Buches die **vier Ebenen der Einfachen Sprache** vor: Wortebene, Satzebene, Textebene und Gestaltungsebene. Mithilfe dieser Ebenen können Sie bereits bestehende Texte analysieren und neue Texte leichter schreiben.

Im zweiten Teil des Buches wird es dann praktisch: Neben **konkreten Tipps** und **zahlreichen Beispielen** finden Sie auch **Vorlagen** und **Checklisten**, die Sie kopieren und direkt in Ihrer Einrichtung einsetzen können. Viele der Unterlagen und noch zusätzliche Materialien können Sie per QR-Code **downloaden**. Hinweise finden Sie auf den entsprechenden Seiten.

Wir wünschen Ihnen viel Erfolg dabei, leicht und verständlich in der Kita zu kommunizieren!

Rebekka Behrendt und Krishna-Sara Helmle

TEIL 1

Sprachbarrieren mit Einfacher Sprache überwinden

1 Herausforderungen in der Kommunikation und typische Sprachbarrieren

Sicher kennen Sie das: **Sie möchten Ihre Arbeit gut machen** und alle Eltern gleichermaßen erreichen. Sie gestalten mit viel Aufwand Aushänge, schreiben wohlüberlegte E-Mails und geben auch mündlich alles Wichtige mehrfach weiter. Aber am Ende gibt es immer noch Eltern, die Ihre Informationen nicht mitbekommen, falsch oder gar nicht verstehen. Im hektischen Kita-Alltag fehlt allerdings oft die Zeit für ausführlichere Gespräche. Selbst Tür-und-Angel-Gespräche kommen oft zu kurz oder sind nicht effektiv, weil die schriftliche Erinnerung fehlt. Das führt manchmal dazu, dass Sie Dinge mehrmals sagen müssen und es dennoch zu Missverständnissen kommt. Das erzeugt Stress und Frust bei allen Beteiligten. Denn eigentlich haben Sie nicht die **Kapazität**, ständig alle Eltern an alle wichtigen Informationen zu erinnern. Hinzu kommt, dass Sie es mit Menschen aus verschiedenen Kulturen und sozialen Schichten sowie mit unterschiedlichen Bildungsniveaus zu tun haben. Da sind auch die Ansprüche der Eltern sehr individuell. Oft ist es schwierig, alle Anforderungen unter einen Hut zu bekommen. Der Alltag in der Kita besteht aus Kommunikation. Diese kann einerseits ein Problem sein, ist aber zugleich ein **zentraler Schlüssel, um Beziehungen aufzubauen**, zu erhalten und zu vertiefen. Sprache ist eines Ihrer wichtigsten Werkzeuge. Mit der passenden Kommunikation können Sie Verständnis, Vertrauen und Bindung stärken. Sie beeinflussen damit die Beziehung zu den Empfänger*innen[1] Ihrer Botschaft.

MERKE

Jedes Wort, jeder Ausdruck und jedes Gespräch kann genau das bewirken, was es bewirken soll – oder aber ins Gegenteil umschlagen.

Kommunikation ist ein bisschen wie Telefonieren. Wer eine Nachricht senden möchte, ist dafür verantwortlich, dass diese die Empfänger*innen erreichen kann. Sie brauchen die richtige Nummer und Ihr Telefon muss Empfang sowie einen geladenen Akku haben. Nur dann erreichen Sie die Personen. Wer eine Nachricht empfangen möchte, muss dafür sorgen, dass die Nachricht auch ankommen kann. Sie brauchen ein Telefon mit Empfang und geladenem Akku. Nur dann empfangen Sie die Nachricht. Somit haben beide Seiten eine gewisse Verantwortung für das **Gelingen des Kommunikationsprozesses**. Denn Kommunikation ist ein wechselseitiger Prozess. Sie gelingt in der Regel, wenn beide Seiten ihre Verantwortung annehmen und die Kommunikation aktiv mitgestalten.

[1] Der Verlag an der Ruhr legt großen Wert auf eine geschlechtergerechte und inklusive Sprache. Daher nutzen wir neutrale Formulierungen oder das Gendersternchen, um alle Menschen unabhängig von Geschlecht oder Geschlechtsidentität einzuschließen.

Mit einer klaren und einfachen Kommunikation in der Kita schaffen Sie die Voraussetzungen dafür, dass die Eltern Ihre Nachrichten empfangen können.

EXKURS: Mündliche Kommunikation

Dieses Buch befasst sich vorrangig mit der Einfachen Sprache in Texten – und das aus gutem Grund. Sie lernen den Einsatz der Einfachen Sprache leichter am Text als an der mündlichen Kommunikation. Das geschriebene Wort lässt sich überarbeiten. Sie sehen schwarz auf weiß, was Sie ausdrücken möchten. Als Ergänzung dazu finden Sie hier einige Tipps zur mündlichen Kommunikation:

Tipp 1: Bereiten Sie thematisch wiederkehrende Gespräche schriftlich vor und verwenden Sie Ihre Notizen in der Gesprächssituation.

Tipp 2: Bei der mündlichen Kommunikation bekommen Sie die direkte Reaktion Ihres Gegenübers noch besser mit. Achten Sie darum hier auch auf die Körpersprache, die Gestik und die Mimik – und zwar auch auf Ihre eigene. Denn damit können Sie das Gesagte verdeutlichen, was zum Verstehen beiträgt.

Tipp 3: Beachten Sie die Aufnahmefähigkeit Ihres Gegenübers und sprechen Sie in einer angemessenen Lautstärke sowie Geschwindigkeit. Halten Sie aber auch Stille aus, wenn Sie merken, dass Ihr Gegenüber Zeit braucht, beispielsweise um selbst einen Satz zu formulieren.

Tipp 4: Erläutern Sie Ihr Vorgehen und nutzen Sie Anschauungsmaterial. Dadurch kann Ihr Gegenüber dem Gespräch leichter folgen und die Inhalte besser nachvollziehen. Beispiel: Im Entwicklungsgespräch schauen Sie sich gemeinsam mit einem Elternteil den Portfolio-Ordner des Kindes an. Dann können Sie beispielsweise sagen: „Das ist der Portfolio-Ordner von Selma. In diesem Ordner sammeln wir Informationen über Ihre Tochter. Hier sehen Sie ein Bild, das Selma gemalt hat. Und hier ist ein Foto vom ihr beim Klettern. Sie sitzt ganz oben auf dem Klettergerüst und lacht."

Über die Sprache treten Sie in Kontakt mit Ihrem Gegenüber. Sie möchten informieren, Gefühle oder Wünsche ausdrücken oder zu einer Handlung auffordern. Und immer wenn Menschen auf Menschen treffen, treffen auch unterschiedliche Kommunikationsstile aufeinander. Dadurch entstehen manchmal Sprachbarrieren.

BEISPIELE: Sprachbarrieren in der Kita

Verschiedene Adressat*innen

Sie haben ganz unterschiedliche Gesprächspartner*innen:

- → Kinder
- → Eltern
- → Teammitglieder
- → sonstige Fachkräfte
- → unterschiedliche Kooperationspartner*innen

Hinzu kommt die Kommunikation zwischen Team und Leitungsebene und zwischen der Leitung und der Trägerebene.

Viele Kommunikationswege

Es gibt viele verschiedene Kommunikationswege, die Sie in der Kita nutzen, wie

- → E-Mails
- → Briefe
- → Aushänge
- → Infotafeln
- → Kita-App
- → Tür-und-Angel-Gespräche
- → Elterngespräche
- → Entwicklungsgespräche
- → Elternabende
- → Feste

Aufeinandertreffen vielfältiger Menschengruppen

In der Kita treffen verschiedene Kulturen aufeinander, das betrifft Unterschiede in:

- → Herkunft
- → Sprache
- → Bildungsniveau
- → Werten
- → Tradition
- → Lebensweise
- → Kommunikationsfähigkeit
- → Vorwissen über das hiesige Bildungssystem
- → Erwartungen, die Eltern an die Kita haben
- → der eigenen Haltung und damit auch in Vorurteilen

Wenn Sie Texte verfassen, sollten Sie sich die im Kasten auf S. 8 genannten **Sprachbarrieren bewusst machen**, diese mitdenken und berücksichtigen. Genauso sollten Sie mögliche Sprachbarrieren beachten, die im Text entstehen können.

BEISPIELE FÜR SPRACHBARRIEREN IN TEXTEN

- → komplizierte Formulierungen
- → Fachbegriffe
- → verschachtelte Sätze
- → Voraussetzen von (zu viel) Vorwissen
- → unübersichtliche Gestaltung

Wenn wir einander verstehen, wirkt sich das positiv auf die Beziehung zueinander aus. Wenn wir etwas begreifen, dann löst das **gute Gefühle** in uns aus. Wir haben ein Erfolgserlebnis und können uns besser miteinander verbinden.
Hier ein Beispiel, um das zu verdeutlichen. Stellen Sie sich vor, Sie lesen etwas in einer Ihnen unbekannten Sprache.

- // Was nehmen Sie aus so einem Text mit?
- // Was verstehen Sie?
- // Wie leicht/schwer wird wohl die Beziehungsgestaltung zu der Person, die den Text geschrieben hat?

Fazit: Wenn wir einander nicht verstehen, dann wird auch die Beziehung schwierig.

MERKE

Jede Sprachbarriere kann auch eine Barriere in der Beziehungsgestaltung sein und diese negativ beeinflussen.

Wenn Sie verständlich kommunizieren, können Sie vor allem Sprachbarrieren abbauen.
Doch nicht nur das. Sie würden gern mit nur wenigen Worten möglichst alle Eltern erreichen? Sich so ausdrücken, dass alle Sie verstehen? Die Zusammenarbeit so gestalten, dass Sie den Eltern nicht ständig wegen jeder Kleinigkeit hinterherrennen müssen?
Es gibt einen Weg, zu kommunizieren, der Ihre Zeit spart und mit dem Sie möglichst viele erreichen: mit Einfacher Sprache.
Sie hilft Ihnen dabei, Ihre Informationen schnell und leicht niederzuschreiben, sodass Sie nicht stundenlang darüber grübeln müssen. Gleichzeitig können Sie Ihre Texte so formulieren und gestalten, dass die Adressat*innen diese gut lesen und verstehen können.

2 Was ist Einfache Sprache?

Einfache Sprache ist, wie der Begriff sagt: einfach. Sie ist bewusst **niederschwellig** gehalten, damit Menschen, unabhängig von ihrem Hintergrund, Zugang zu den Inhalten von Texten erhalten. Das bedeutet, dass möglichst viele diese Sprache lesen und die darin enthaltenen Informationen **verstehen können**.

Offizielle Briefe oder Dokumente von Behörden sind oft zu kompliziert geschrieben. Sie kennen das beispielsweise von der Steuererklärung oder der Datenschutzerklärung. Man hat das Gefühl, dass man den Fachbereich studiert haben muss, um solche Schriftstücke verstehen und solche Formulare ausfüllen zu können.

Im Bereich der öffentlichen Verwaltung und im Bildungsbereich wird Einfache Sprache am häufigsten eingesetzt und das schon seit einigen Jahren. Es wird allerdings noch eine Weile dauern, bis sie sich überall dort durchgesetzt hat, wo sie sinnvollerweise verwendet werden kann. Auch in Kitas gibt es Formulare und Dokumente, die nicht für alle auf Anhieb verständlich sind. Manchmal sind es juristische Texte, wie zum Beispiel die Gebührensatzung. Und manchmal sind es Elternbriefe, in denen pädagogische Fachbegriffe verwendet werden.

Ziel der Einfachen Sprache ist es, ein **Bewusstsein für Sprache** zu schaffen und diese strategisch einzusetzen. Davon profitieren beide Seiten: Sender*in und Empfänger*in.

Ganz allgemein gilt Kommunikation dann als erfolgreich, wenn die Botschaft, die Sie senden, so bei den Empfänger*innen ankommt, wie Sie das beabsichtigt haben.

Das Aufnehmen der Information und damit das Interpretieren der Botschaft liegt bei den Empfänger*innen. Als Sender*in hingegen ist es Ihre Verantwortung, Ihre Botschaft bzw. Ihre Kommunikation so zu gestalten, dass sie beim Empfänger oder der Empfängerin korrekt und zielführend ankommt. Dabei kann Einfache Sprache Sie unterstützen, denn diese nutzt **leicht verständliche Wörter, nachvollziehbare Strukturen und eine klare Gestaltung des Textes**.

Wenn Sie das Konzept der Einfachen Sprache in Ihrer Einrichtung einführen, dann führen Sie damit eine Art der Kommunikation ein, die möglichst alle verstehen. Die Wahrscheinlichkeit, dass die Adressat*innen Ihre Botschaft lesen, begreifen und bei Bedarf entsprechend handeln, steigt dadurch enorm.

MERKE
Wenn Sie besser verstanden werden wollen, dann machen Sie sich leichter verständlich.

Einfache Sprache und Leichte Sprache werden immer wieder verwechselt oder für dasselbe gehalten. Dem ist aber nicht so. Im folgenden Exkurs erläutern wir Ihnen daher die Unterschiede zwischen Leichter Sprache und Einfacher Sprache.

EXKURS: Leichte Sprache, Einfache Sprache und Standardsprache

Man unterscheidet zwischen:
- Leichter Sprache
- Einfacher Sprache
- Standardsprache

Wie unterscheiden sich diese drei Sprachvarianten?

- **Leichte Sprache** ist eine sehr stark vereinfachte Version des Deutschen. Hier werden die Formulierungen und der Inhalt meist sehr stark reduziert. Außerdem folgt sie strengen Regeln. Es gibt einen eigenen Duden für Leichte Sprache und die Regeln stimmen nicht immer mit denen für Standardsprache überein. Die Zielgruppe für Leichte Sprache sind unter anderem Menschen mit Lernschwierigkeiten (früher auch als Personen mit Lernbehinderung bezeichnet).
  Vielleicht sind Sie mit den Sprachniveaus nach dem Gemeinsamen Europäischen Referenzrahmen (GER) vertraut? Bei Leichter Sprache liegt das Sprachniveau bei A1 bis A2. Leichte Sprache ist sehr leicht zu lesen, aber schwierig zu schreiben. Darum ist das eher eine Aufgabe für professionelle Übersetzer*innen für Leichte Sprache. Zudem ist hier vorgeschrieben, dass die fertigen Texte vor der Veröffentlichung von Personen mit Lernschwierigkeiten – den Prüfleser*innen – gelesen werden.

- **Einfache Sprache** ordnet sich in Bezug auf den Schwierigkeitsgrad zwischen Leichter Sprache und Standardsprache ein. Ziel ist eine Sprache, die für möglichst viele Menschen schnell und leicht zu lesen und zu verstehen ist.
  Das Sprachniveau liegt hier bei A2 bis B1. Das bedeutet, Sie können einen Text so formulieren, dass er schon fast in Richtung Leichte Sprache geht. Oder Sie können ihn so schreiben, dass er aussieht wie Standardsprache, aber einfacher zu lesen und zu verstehen ist. Sie können Ihre Texte mit Einfacher Sprache also genau an Ihre Zielgruppe anpassen.

→ **Standardsprache** orientiert sich an den Regeln des Dudens, darüber hinaus gibt es keine Einschränkungen oder Besonderheiten. Fachbegriffe sind hier uneingeschränkt erlaubt. Umgangssprachliche Begriffe werden vermieden oder zielgerichtet eingesetzt. Standardsprache können Sie ungefähr bei B2 einordnen. Dieses Sprachniveau brauchen angehende Erzieher*innen mit anderen Erstsprachen, wenn sie eine Ausbildung im Kita-Bereich beginnen möchten.

Empfehlung: Für den Kita-Alltag empfehlen wir Ihnen Einfache Sprache. Denn es gibt keine strengen Regeln und vieles davon machen Sie höchstwahrscheinlich schon intuitiv richtig. Es ist daher das richtige Werkzeug, das Sie – auch mithilfe dieses Buches – einsetzen können und von dem alle spürbar profitieren.

TIPP

Wer tiefer eintauchen möchte, für den gibt es seit Frühjahr 2024 die Norm DIN 8581-1 für Einfache Sprache. Diese erklärt in gut verständlicher Sprache alles rund um dieses Thema. Diese Norm können Sie über DIN Media bestellen.

BEISPIELTEXTE

Standardsprache:

In unserer Elementareinrichtung wird primär Wert auf Begegnungen auf Augenhöhe gelegt. Dies zeigt sich besonders in der gemeinschaftlichen Kommunikation.

Leichte Sprache:

In unserer Kita sind alle Menschen gleich viel wert.
Alle Menschen sind gleich wichtig.
Wir nehmen alle Menschen ernst.

Das merken Sie daran:
Wir sprechen freundlich miteinander.
Wir erklären Dinge.
Und wir sind nett zueinander.

Einfache Sprache:

Wir legen in unserer Kita Wert auf Begegnungen auf Augenhöhe. Das bedeutet, wir gehen respektvoll und freundlich miteinander um.

2.1 Was sind die Merkmale der Einfachen Sprache?

Einfache Sprache besteht aus einfachen Wörtern, einfachen Sätzen und einer klaren Textstruktur. Hinzu kommt eine übersichtliche Gestaltung, die zum jeweiligen Inhalt passt. Wenn Sie einen Text aus Standardsprache in die Einfache Sprache übertragen, bleiben die Inhalte im Normalfall vollständig erhalten. Sie berücksichtigt dabei das **Vorwissen** und die **Lesefähigkeit** der Zielgruppe, für die der Text gedacht ist. Sie orientiert sich eher an der gesprochenen Sprache.
Wörter und Sätze werden so gebildet, dass sie leicht verstanden werden. Das kann beispielsweise dazu führen, dass Sie Begriffe erklären, die für Sie selbst völlig normal sind, deren Kenntnis Sie aber nicht voraussetzen können.
Einfache Sprache hat **keine strengen Regeln**, was dafür sorgt, dass Sie sie flexibel an die Zielgruppe anpassen können.

2.2 Für wen ist Einfache Sprache?

Einfache Sprache ist für alle, in erster Linie jedoch für Sie als Fachkraft, damit Sie sich klarer ausdrücken können. Darüber hinaus ist es eine Aufgabe von sozialen Einrichtungen, die **Chancengleichheit von Menschen zu fördern**. Dazu gehört auch, Sprachbarrieren aus dem Weg zu räumen. Dies gelingt mit Einfacher Sprache. Texte, die einfach gehalten sind, ermöglichen den Menschen die **Teilhabe** am Geschehen, und zwar weitgehend ohne fremde Hilfe. Einfache Sprache richtet sich insbesondere aber an Zielgruppen, die Sie aus Ihrem Kita-Alltag kennen: Die zahlenmäßig größte Gruppe – vermutlich auch bei Ihnen in der Einrichtung – sind Menschen, die **Deutsch als Fremd- oder Zweitsprache** lernen. Aber auch Menschen mit Deutsch als Erstsprache profitieren davon, wenn sie beispielsweise die Fachsprache einer Kita nicht kennen und/oder mit den Gepflogenheiten des deutschen Bildungssystems nicht so vertraut sind. Menschen mit einem **geringen Bildungsniveau** tun sich im Allgemeinen leichter mit Einfacher Sprache. Dazu gehören auch funktionale **Analphabet*innen**. Das sind Menschen, die zwar in der Schule Lesen und Schreiben gelernt haben, diese Fähigkeit aber aus ganz verschiedenen Gründen nicht weiter geübt und gefestigt haben. Darüber hinaus zählen noch **Menschen mit psychischen Erkrankungen** zur Zielgruppe, weil manche von ihnen von zu vielen Informationen relativ schnell überfordert sind. Das Gleiche gilt für **Menschen mit Suchterfahrungen**. Und seit der Pandemie können wir noch Menschen mit **Long Covid bzw. Post Covid** zur Zielgruppe zählen, denn diese leben mit Einschränkungen, die ihnen das Lesen und Verstehen von längeren Texten erschweren. Zuletzt gehören noch ganz einfach **Menschen mit wenig Zeit** dazu. Eltern, die schnell zwischen Arbeitsterminen, Kinderbetreuung und sonstigen Alltagsaufgaben hin- und herspringen, haben keine Zeit, komplizierte Texte zu lesen, während das Handy klingelt und das Kind quengelt, weil es Hunger hat. Diese Beispiele zeigen, dass Einfache Sprache für alle Eltern Ihrer Einrichtung sinnvoll ist.

2.3 Welche Vorteile hat Einfache Sprache?

Einfache Sprache hat viele Vorteile, die Ihren Kita-Alltag erleichtern. Wenn Sie einfacher schreiben und sprechen, können Eltern Informationen schneller und leichter erfassen. Das **reduziert in den meisten Fällen Missverständnisse und Ärger** und verbessert Ihr Verhältnis zu den Erziehungsberechtigten. Denn wie fühlen sich Eltern, wenn sie einen Aushang oder Brief lesen und diesen nicht verstehen? Wahrscheinlich unsicher. Manche trauen sich vielleicht gar nicht, nachzufragen. Denn sie wollen nicht zugeben, dass sie etwas nicht verstanden haben, weil sie meinen, sie seien die Einzigen, denen es so geht. Oder sie trauen sich, nachzufragen, und bekommen vielleicht eine genervte Antwort, wie zum Beispiel: „Das steht doch da." Wenn diese Eltern die Kommunikation der Kita besser verstehen, haben sie in den meisten Fällen **mehr Vertrauen** und arbeiten besser mit.

Einfache Sprache spart allen Beteiligten Zeit und Nerven. **Zeit sparen** Sie, weil durch leicht verständliche Kommunikation weniger Nachfragen kommen. Sie müssen im Idealfall alles **nur einmal mitteilen** und niemandem hinterherrennen.

Die Nerven schonen Sie, weil es durch eine vereinfachte Kommunikation weniger Missverständnisse und Unstimmigkeiten mit den Erziehungsberechtigten gibt. Eltern mit anderen Erstsprachen können Texte in Einfacher Sprache besser verstehen und **lernen dadurch schneller** Deutsch. Und was sie nicht verstehen, können sie schnell und unkompliziert mit einer entsprechenden App übersetzen. Nicht zuletzt können Sie Einfache Sprache auch **gut in der Kommunikation mit Kindern** anwenden.

2.4 Fünf kritische Fragen zu Einfacher Sprache und fünf klare Antworten

Im Folgenden finden Sie **fünf gängige** Vorurteile über Einfache Sprache. Vielleicht haben Sie den einen oder anderen Gedanken auch schon gehabt? Das ist völlig in Ordnung. Allerdings sind es tatsächlich nur Vorurteile. Diese lösen wir hier auf.

1. **Wirke ich unprofessionell, wenn ich mich einfach ausdrücke?**
   Nein, im Gegenteil. Nur jemand, der sein Fach sehr gut selbst verstanden hat, kann sich darin leicht verständlich ausdrücken. Nur dann sind Sie in der Lage, den Inhalt, den Sie wiedergeben möchten, zu überblicken und Unwichtiges wegzulassen. Sie reduzieren Ihre Aussagen auf das Wesentliche, sodass Ihre Kommunikation schnell und erfolgreich zum Ziel kommt.

2. **Was denken meine Vorgesetzten, wenn sie Elternbriefe von mir in Einfacher Sprache sehen?**
   Wenn Vorgesetzte den Nutzen und die Vorteile verstehen, werden sie Sie sicher in Ihrem Vorhaben unterstützen und nicht Ihre Fachlichkeit in Zweifel ziehen. Hier ist es wichtig,

dass Sie mit Ihren Vorgesetzten darüber sprechen, dass Sie Elternbriefe (und andere Mitteilungen) künftig häufiger in Einfacher Sprache schreiben möchten.

3. **Was denken Eltern, die gut Deutsch sprechen, über Elternbriefe in Einfacher Sprache? Denken die nicht, ich halte sie für ahnungslos?**
   Die Erfahrung zeigt: Die meisten Eltern, die gut Deutsch sprechen, freuen sich ebenfalls über leicht verständliche Kommunikation aus der Kita. Denn diese braucht weniger Zeit zum Lesen. Niemand möchte lange und unnötig kompliziert geschriebene Briefe lesen.

4. **Nehme ich mit Einfacher Sprache Deutsch lernenden Eltern Gelegenheiten, ihr Deutsch zu verbessern, oder trage ich sogar dazu bei, dass sie nichts hinzulernen?**
   Nein, im Gegenteil, Sie unterstützen sogar den Spracherwerb. Mit Einfacher Sprache haben diese Eltern ein Erfolgserlebnis beim Lesen und Verstehen Ihrer Elternbriefe. Dadurch sind sie viel motivierter, sich weiterhin um die Sprache zu bemühen, als wenn sie frustriert aufgeben müssen. Sie hemmen also nicht ihr Lernen, sondern öffnen viel mehr die Tür zu einer informellen Art der Weiterbildung.

5. **Wecke ich die Erwartung, dass Informationen jetzt immer in „mundgerechten Häppchen" serviert werden?**
   „Mundgerechte Häppchen" sind für manche Situationen, beispielsweise für Aushänge, genau das Richtige. Daher dürfen Sie ruhig die Erwartung, dass es einige Informationen immer in Einfacher Sprache geben wird, wecken und auch erfüllen.
   Wir müssen uns auch der Tatsache stellen, dass die Aufmerksamkeitsspanne bei vielen Menschen kürzer geworden ist. Dem müssen wir – ob wir wollen oder nicht – Rechnung tragen durch eine vereinfachte Kommunikation.
   Selbstverständlich gibt es aber auch Situationen, die eine etwas komplexere Sprache erfordern. Hier können Sie den Schwierigkeitsgrad an den Zweck und – wenn möglich – an die Adressat*innen anpassen.

Abb. © Tori2 – Shutterstock.com

EXKURS: Einfache Sprache in der internen Kommunikation

Dieses Buch behandelt vorwiegend die externe Kommunikation. Das ist die Kommunikation nach außen, also mit den Eltern. Aber haben Sie schon mal darüber nachgedacht, sich auch innerhalb des Teams damit zu beschäftigen? Die meisten Hinweise und Materialien in diesem Buch eignen sich auch für Ihre interne Kommunikation. Nutzen Sie diese, um Sprachbarrieren innerhalb des Teams abzubauen oder gar nicht erst entstehen zu lassen.

Auf den ersten Blick denken Sie vielleicht, das sei nicht notwendig, weil alle Mitarbeitenden sowieso die Fachsprache der Kita sprechen. Es lohnt sich, hier genauer hinzuschauen. Denn Sie arbeiten auch innerhalb der Kita mit unterschiedlichen Menschen zusammen. Immer wieder kommen neue Mitarbeitende oder auch Praktikant*innen in Ihre Einrichtung. Zum einen sind nicht alle neuen Mitarbeitenden mit der Fachsprache wirklich vertraut. Praktikant*innen oder Schüler*innen sollen diese unter anderem bei Ihnen lernen. Mitarbeitende aus dem Ausland haben vielleicht noch Schwierigkeiten mit der deutschen Sprache im Allgemeinen und mit den Fachbegriffen im Speziellen.

Zum anderen entwickelt sich in jeder Einrichtung mit der Zeit eine Art eigene Sprache, sozusagen ein Slang. Dazu gehören Begriffe und Abkürzungen, die es so nur bei Ihnen gibt. Wie kürzen Sie beispielsweise den Begriff „Vorschulkinder“ ab? Oder wie heißt bei Ihnen der Ort, an dem die Kinder ihren Mittagsschlaf halten? Hinzu kommen Abkürzungen, regional verschiedene Wörter oder trägerspezifische Begriffe. Sprachbarrieren können also auch innerhalb des Teams entstehen.

DOWNLOADTIPP

Um diese Barriere abzubauen und Ihre typischen Begriffe zu sammeln, können Sie unser „Arbeitsblatt: Eigenes Kita-Glossar“ sowie die „Reflexion: Unsere Begriffe und Abkürzungen“ nutzen, die Sie im Download unter „Zusatzmaterial“ finden (s. S. 3 für den Zugang).

3 Die vier Ebenen von Einfacher Sprache

Was macht Einfache Sprache denn nun wirklich aus? Dazu schauen wir uns die vier Sprachebenen an. Die Sprachwissenschaft unterteilt die Sprache **in verschieden große Einheiten**, um sie zu analysieren und zu beschreiben. Diese Einheiten heißen Sprachebenen. Sie spielen beim Spracherwerb von Kindern und Erwachsenen eine Rolle, aber auch wenn Sie **Texte vereinfachen** möchten. Man unterscheidet die folgenden vier Sprachebenen:

- Wortebene
- Satzebene
- Textebene
- Gestaltungsebene

Statt Sprachebenen könnte man auch **Bausteine** sagen. Aus diesen Bausteinen bestehen Texte. Wenn Sie diese kennen, können Sie das „Textgebäude" in kleinen Einheiten betrachten. In der Auseinandersetzung mit den einzelnen Ebenen gelingt es Ihnen leichter, Texte verständlich zu verfassen. Statt sich den Text als Gesamtes anzusehen, betrachten Sie zunächst die einzelnen Ebenen. So können Sie **Stolpersteine im Text leichter erkennen** und diese anpassen.

3.1 Wortebene

Die Wortebene befasst sich mit der Bedeutung der Wörter. Es geht beispielsweise um Fachbegriffe, Fremdwörter, lange oder kurze Wörter. Mit den folgenden Empfehlungen können Sie die Wörter in Ihren Texten vereinfachen.

Allgemein bekannte Wörter verwenden oder Fachbegriffe erklären

Leicht zu verstehende Wörter sind allgemein bekannte Wörter. Fachbegriffe werden meist nur von einer bestimmten Menschengruppe verstanden. Deshalb sollten Sie Fachbegriffe vermeiden. Prüfen Sie also im ersten Schritt, ob Sie diese vermeiden können.

BEISPIEL
statt „Anerkennungsjahr-Praktikantin" besser „Praktikantin"

Können Sie den Fachbegriff nicht vermeiden, dann versuchen Sie, diesen Fachbegriff verständlich auszudrücken, oder erklären Sie diesen.

BEISPIEL
„Portfolio" erklären Sie so: „Das Portfolio ist ein Ordner. In diesem Ordner halten wir in Texten und Bildern fest, was Ihr Kind bei uns erlebt."

Verwenden Sie allgemein bekannte Begriffe. Dazu gehört auch, dass Sie Slang oder spezielle Wörter vermeiden.

BEISPIEL

statt „Doku“ besser „Dokumentation“
oder
statt „8a-Meldung“ besser „Meldung zur Kindeswohlgefährdung“

TIPP FÜR DIE INTERNE KOMMUNIKATION

Eine teameigene Sprache fördert das Gemeinschaftsgefühl und den Zusammenhalt im Team. Auch Fachbegriffe verwenden zu können, stärkt die eigene Fachkompetenz. Beachten Sie jedoch, dass neue Mitarbeiter*innen vielleicht noch nicht mit den bei Ihnen typischen Wörtern und Wendungen vertraut sind.
Besonders bei Fachbegriffen sollten Sie deshalb unterscheiden zwischen:

- verwenden wir untereinander und sind allen bekannt
- bringen wir neuen Mitarbeitenden oder Praktikant*innen bei

Im Normalfall gilt für Einfache Sprache, dass Sie Begriffe vereinfachen und keine Fremdwörter verwenden. Eine Ausnahme sind solche, die aus dem Lateinischen oder Griechischen stammen. Denn diese sind meistens auch in anderen Sprachen bekannt. Dort werden viele unserer Fremdwörter im Alltag verwendet. Das gilt zum Beispiel für Englisch und die romanischen Sprachen, wie Französisch, Spanisch, Italienisch, Rumänisch, Portugiesisch. Auch in slawischen Sprachen, wie zum Beispiel Polnisch, Ukrainisch, Kroatisch, sind solche Wörter meistens bekannt. Sprechen Eltern mindestens eine der hier genannten Sprachen? Dann kann es einfacher sein, Fremdwörter zu benutzen, da diese international bekannt sind.

HIER EIN PAAR BEISPIELE:

- statt „Schriftstück“ lieber „Dokument“
- statt „Mitbestimmung“ oder „Teilhabe“ lieber „Partizipation“
- statt „Verwaltung“ lieber „Administration“
- statt „Vertrag“ lieber „Kontrakt“

DOWNLOADTIPP

Einige Fachbegriffe haben wir für Sie in Einfache Sprache umformuliert.
Dieses kleine „Kita-Glossar: Zehn typische Kita-Begriffe in Einfacher Sprache erklärt“ finden Sie im Download unter „Zusatzmaterial“ (s. S. 3 für den Zugang).

Einfache Wörter benutzen

Einfache Wörter kommen häufig in der Alltagssprache vor. Das sind Wörter, die Sprachlernende früh lernen. Verwenden Sie deshalb mehr gesprochene Sprache.

BEISPIEL

Statt „Mit dieser E-Mail erhalten Sie" schreiben Sie lieber „Mit dieser E-Mail bekommen Sie", denn das Wort „bekommen" ist in der Alltagssprache geläufig.

Einfache Wörter bedeutet auch oft kurze Wörter. Längere Wörter und zusammengesetzte Wörter können Sie einfach aufteilen.

BEISPIEL

Statt des Begriffs „Entwicklungsgespräch" können Sie beispielsweise „Gespräch zur Entwicklung" sagen oder schreiben.

Abkürzungen vermeiden oder erklären

Abkürzungen werden zur Sprachbarriere, wenn das Gegenüber sie nicht kennt. Schreiben Sie diese daher lieber aus.

BEISPIEL

statt „z. B." besser „zum Beispiel"

Verben statt Nomen benutzen

Im Deutschen neigen wir dazu, mehr Nomen (Hauptwörter) als Verben (Tunwörter) zu verwenden, besonders wenn es etwas förmlicher oder offizieller klingen soll.

BEISPIEL FÜR NOMINALSTIL

„Bitte um Angabe von Unverträglichkeiten bei Ihrem Kind."

Einfacher und verständlicher wird es, wenn Sie sprechender formulieren, also (mehr) Verben verwenden.

ZUM BEISPIEL SO

„Bitte geben Sie die Unverträglichkeiten Ihres Kindes an."

Damit haben Sie schon ein Nomen durch ein Verb ersetzt. So ist der Satz direkt verständlicher. Zudem haben Sie Ihr Gegenüber persönlich angesprochen.

WIR KÖNNEN DAS ZWEITE HAUPTWORT AUCH NOCH LOSWERDEN
„Bitte sagen Sie uns, ob Ihr Kind etwas nicht verträgt."

Im Allgemeinen können Sie Nomen, die auf -ung enden, sehr einfach durch Verben ersetzen. Bei Wörtern, die auf -heit oder -keit enden, ist es manchmal möglich, aber manchmal passt dort ein Adjektiv (Wiewort) besser.

Das gleiche Wort für das gleiche Ding

In der Schule lernen wir, dass wir abwechslungsreich formulieren sollen. Wir versuchen daher, für das gleiche Ding möglichst viele verschiedene Begriffe zu schreiben, damit sich der Text abwechslungsreich und interessant liest. Das ist gut, um das eigene Vokabular zu erweitern. Wenn Sie Einfache Sprache verwenden, können Sie diese Bemühungen bleiben lassen. Denn hier gilt die Regel: **Verwenden Sie immer das gleiche Wort für das gleiche Ding**. Denn dadurch wird Ihr Text leichter verständlich. Die Leser*innen müssen dann nicht jeden Begriff nachschlagen, nur um festzustellen, dass zwei bis drei davon eigentlich das Gleiche bedeuten. Das ist auch ein Service für Ihr Gegenüber.

BEISPIEL
Wenn Sie in einem Text den Begriff „Personal" benutzt haben, bleiben Sie dabei. Alternativen wie „Mitarbeitende", „Angestellte", „Belegschaft", „Teammitglieder" oder Ähnliches können Sie jeweils in einem anderen Text verwenden.

Gendergerechte Sprache verwenden

Bei der gendergerechten Sprache geht es darum, **alle Geschlechter anzuerkennen**. Sie fördert daher eine inklusive, gerechte und chancengleiche Gesellschaft. Oft werden Frauen und Menschen, die sich weder als Frau noch als Mann definieren, in der Sprache unsichtbar gemacht. Durch eine sensible, reflektierte Kommunikation sprechen Sie Menschen unabhängig von ihrem Geschlecht respektvoll an.

Als Kita haben Sie eine gesellschaftliche Vorbildfunktion. Gendergerechte Sprache unterstützt Sie dabei, diese zu erfüllen. Zu dieser Vorbildfunktion gehört auch, mit Ihrer Sprache traditionelle Geschlechterrollen zu überwinden.

Prüfen Sie zunächst, welche Vorgaben es vonseiten Ihres Trägers gibt. Ansonsten finden Sie hier verschiedene Möglichkeiten, wie Sie Menschen ansprechen können.

// Neutrale Formen

Wenn Sie neutrale Formen verwenden, wird kein Geschlecht angesprochen. Damit sind Sie also auf der sicheren Seite.

BEISPIELE
Eltern, Erziehungsberechtigte (in der Mehrzahl verwenden), Fachkraft, Kita-Leitung

Nachteil: Allerdings können diese Begriffe auch etwas abstrakt wirken, sodass man sich nicht wirklich eine Person darunter vorstellen kann. Der Begriff „Kita-Leitung" könnte beispielsweise mit der Vorstellung einer Leitung in der Wand, die durch die Kita verlegt wurde, verbunden sein.

// Sternchen, Doppelpunkt oder Unterstrich

Generell drücken die Genderzeichen aus, dass es nicht nur die Konzepte „weiblich" und „männlich" gibt, sondern dass viele Nuancen dazwischen möglich sind. Das Sternchen und der Doppelpunkt sind mittlerweile sehr verbreitet, wobei der Doppelpunkt hauptsächlich online verwendet wird. Der Unterstrich, auch Gender-Gap genannt, wird seltener verwendet.

BEISPIELE
Erzieher*innen, Erzieher:innen, Erzieher_innen

Nachteil: Menschen, die Deutsch als Fremd- oder Zweitsprache lernen, tun sich manchmal schwer mit diesen Formen des Genderns. Zum einen rein sprachlich, weil damit ein weiteres Zeichen in das Wort hineinkommt, das zu lernen ist. Zum anderen sind nicht alle mit den dahinterstehenden **Konzepten von geschlechtlicher Vielfalt** vertraut.

// Verlaufsformen

Die Verlaufsformen sind **für einige Begriffe mittlerweile sehr gängig**.

BEISPIELE
Studierende, Teilnehmende

Nachteil: Sie haben in anderen Bereichen aber keine so große Verbreitung gefunden. Beispielsweise können Sie von „Teilnehmenden am Bastelnachmittag" sprechen, aber die Verlaufsform „die Bastelnden" hat sich nicht eingebürgert.

// Doppelnennung von weiblicher und männlicher Form

Die weibliche und die männliche Form zu nennen, ist sozusagen der **Klassiker** beim Gendern. Es handelt sich um eine Form des binären Genderns, da explizit zwei Geschlechter benannt werden.

BEISPIEL
Erzieherin und Erzieher

Nachteil: Bei dieser Variante fehlt eine Anrede für alle, die sich weder als weiblich noch als männlich identifizieren. Außerdem wird dadurch der Text länger, weil Sie immer zwei Begriffe verwenden.

Beispiele zur Wortebene

Hier finden Sie ein Vorher-Nachher-Beispiel zur Wortebene. Es verdeutlicht, wie sich die Sprache verändert, wenn Sie einfache Wörter verwenden. Im Anschluss werden die Unterschiede und Verbesserungen in einer Tabelle übersichtlich dargestellt und erläutert.

VORHER-BEISPIEL WORTEBENE

Liebe Eltern,

in den nächsten Wochen finden die Entwicklungsgespräche statt.
Darüber werden wir sprechen:

→ Wie geht es Ihrem Kind aktuell in der Kita?
→ Was kann Ihr Kind schon gut?
→ Wie weit ist Ihr Kind z. B. in den einzelnen Entwicklungsbereichen?

Dazu erhalten Sie **Einblick** in die **Bildungsdokumentation**.
In der Bildungsdokumentation fassen wir unsere **Beobachtungen zum Entwicklungsstand** zusammen. **Unsere Beobachtungen** notieren wir auf **Beobachtungsbögen**. Aufgrund dieser Beobachtungen und der Notizen entsteht die Doku.
Die **Bezugsfachkraft** kennt Ihr Kind von Anfang an. Sie macht daher den Termin mit Ihnen aus. Sie führt auch das Gespräch.
Das **Elterngespräch** findet in der Kita statt. Es dauert ungefähr eine Stunde.
Wir freuen uns auf den Austausch mit Ihnen!

Ihre **Erzieher*innen der Kita „Sonnenschein"**

NACHHER-BEISPIEL WORTEBENE

Liebe Eltern,

in den nächsten Wochen finden die Entwicklungsgespräche statt. Das sind Gespräche zwischen den Fachkräften und Ihnen als Eltern. Dabei geht es um die Entwicklung Ihres Kindes.
Darüber werden wir sprechen:

→ Wie geht es Ihrem Kind aktuell in der Kita?
→ Was kann Ihr Kind schon gut?

Wir **zeigen** Ihnen auch die **Bildungsdokumentation**. **Das ist ein Ordner, in dem wir notieren, wie sich Ihr Kind entwickelt**. Was wir **beobachten**, notieren wir auf Beobachtungsbögen. Daraus entsteht eine Dokumentation über Ihr Kind.

Die Bezugserzieherin oder der Bezugserzieher kennt Ihr Kind von Anfang an. Diese Person macht daher den Termin mit Ihnen aus. Sie führt auch das Gespräch.

Das **Entwicklungsgespräch** findet in der Kita statt. Es dauert ungefähr eine Stunde.
Wir freuen uns auf den Austausch mit Ihnen!

Ihr Team der Kita „Sonnenschein"

// Analyse der Beispiele

Statt	Besser	Anmerkung
Fachwörter *Bildungs-dokumentation* *Bezugsfachkraft*	**Gebräuchliche Wörter/ Alltagssprache** *Das ist ein Ordner, in dem wir notieren, wie sich Ihr Kind entwickelt.* *Die Bezugserzieherin oder der Bezugserzieher kennt Ihr Kind von Anfang an.*	Fachbegriffe können manche Eltern abschrecken, weil sie diese nicht verstehen. Für eine Kommunikation auf Augenhöhe verwenden Sie lieber alltagssprachliche Begriffe oder Umschreibungen. Verzichten Sie, wenn möglich, auf Fachbegriffe. Wenn Fachbegriffe nötig sind, erklären Sie diese kurz. Meist genügt eine knappe Erläuterung, damit Sie beim eigentlichen Thema des Briefs bleiben. In manchen Fällen kann Verzichten auf Fachbegriffe auch bedeuten, dass Sie diese komplett weglassen.
Abkürzungen *z. B.*	**Ausgeschriebene Wörter** *zum Beispiel*	Abkürzungen setzen voraus, dass das Gegenüber diese kennt und entschlüsseln kann. Das ist aber nicht immer der Fall. Schreiben Sie daher Abkürzungen am besten immer aus.

Statt	Besser	Anmerkung
Nomen *Dazu erhalten Sie Einblick in die Bildungsdokumentation.* *Unsere Beobachtungen notieren wir auf Beobachtungsbögen.*	**Verben** *Dazu zeigen wir Ihnen die Bildungsdokumentation.* *Was wir beobachten, notieren wir auf Beobachtungsbögen.*	Verben machen einen Text lebendiger und dadurch besser verständlicher.
Spezielle Wörter/ Slang *Aufgrund dieser Beobachtungen und der Notizen entsteht die Doku.*	**Allgemein bekannte Wörter** *Daraus entsteht eine Dokumentation über Ihr Kind.*	Spezielle Wörter oder Kita-Slang sind ähnlich wie Fachbegriffe. Wenn die Eltern nicht damit vertraut sind, verwenden Sie lieber allgemein bekannte Wörter.
Verschiedene Wörter für das Gleiche *Elterngespräch/ Entwicklungsgespräch*	**Immer das gleiche Wort für das Gleiche** *Entwicklungsgespräch*	Das gleiche Wort für das gleiche Ding erleichtert das Lesen und Verstehen. Zudem unterstützt eine Wiederholung Eltern in ihrem Lernen.
Lange Wörter *Entwicklungsstand*	**Kurze Wörter** *Stand der Entwicklung/ wie sich Ihr Kind entwickelt*	Lange zusammengesetzte Wörter sind schwieriger zu lesen und zu verstehen. Sie sind auch schwieriger in einer Übersetzungs-App nachzuschlagen. Zerlegen Sie daher solche Begriffe lieber in die einzelnen Bestandteile.
Schwierige gendergerechte Sprache *Erzieher*innen der Kita „Sonnenschein"*	**Einfache gendergerechte Sprache** *Ihr Team der Kita „Sonnenschein"*	Versuchen Sie, (wenn möglich) einfach zu schreiben, wenn Sie gendern.

3.2 Satzebene

Auf der Satzebene kommen alle Wörter zusammen, um – wie der Name sagt – einen Satz zu bilden. Hier geht es zum Beispiel um Verneinungen, Passiv- und Aktivsätze sowie die Länge der Sätze. Hier sollten Sie sich an die folgenden Empfehlungen halten.

Verneinungen vermeiden

Aus dem Umgang mit den Kindern wissen Sie wahrscheinlich, dass Verneinungen wenig sinnvoll sind. Bei erwachsenen Menschen ist das genauso. Der Grund: Unser Gehirn denkt viel in Bildern und für „nicht" oder „kein" gibt es kein Bild.

BEISPIEL

statt „Bitte parken Sie nicht direkt vor der Kita." besser „Bitte parken Sie auf den Parkplätzen neben der Kita."
oder
statt: „Bitte packen Sie Ihrem Kind keine Süßigkeiten in die Brotdose." besser „Bitte packen Sie Ihrem Kind nur Gesundes zum Naschen in die Brotdose, zum Beispiel Obst."

In Einfacher Sprache ist es sinnvoll, nur das in die Kommunikation aufzunehmen, was Sie in den Köpfen der Menschen auch hervorrufen möchten. Die Verneinung ruft unabsichtlich genau das auf, was verboten oder unerwünscht ist. Formulieren Sie geschickt, indem Sie sagen, was Sie möchten.

TIPP

Falls Sie wirklich eine Verneinung verwenden müssen, heben Sie das Verneinungswort hervor.
Beispiel: „Unsere Kita ist nussfrei! Bitte beachten Sie: Wir haben Kinder, die allergisch auf Nüsse reagieren. Verwenden Sie daher beim Backen **keine** Nüsse!"

Aktiv statt Passiv benutzen

Sätze im Passiv sind schwieriger zu verstehen, denn das Verb steht sehr weit hinten im Satz. Außerdem bleibt unklar, wer etwas tut.

BEISPIEL

Passivsatz: „Die Formulare für die Anmeldung müssen komplett **ausgefüllt werden**."
Jetzt das Gleiche als Aktivsatz: „Bitte **füllen** Sie die Formulare für die Anmeldung komplett **aus**."

Durch das Aktiv wandert das Verb weiter nach vorn, was den Satz verständlicher macht. Außerdem wird klarer, wer die Formulare ausfüllen soll.

Kurze Sätze und eine Information pro Satz bevorzugen

Lange Sätze entstehen, wenn man viele Informationen unterbringen möchte. Aber lange Sätze oder Schachtelsätze sind oft schwierig zu verstehen. In der Einfachen Sprache können Sie sich als **Faustregel** merken: **eine Information pro Satz und maximal 12 bis 15 Wörter**. Ein Nebensatz ist in Ordnung, wenn er sich nicht vermeiden lässt. Aber mehr als einer sollte es nicht sein.

BEISPIEL

ein langer Satz:
„Innerhalb des Kita-Alltags machen wir von unserem Hausrecht Gebrauch und verbieten sämtliche Aufnahmen, auch die von Ihrem eigenen Kind, da hier nicht gewährleistet werden kann, dass fremde Kinder nicht mit abgebildet werden."

der gleiche Satz, jetzt in mehrere kurze Sätze aufgeteilt:
„Im Kita-Alltag haben wir das Hausrecht. Wir verbieten darum Fotos und Videos von den Kindern. Das bedeutet: Sie dürfen in der Kita **keine** Fotos oder Videos machen. Auch **nicht** von Ihrem eigenen Kind. Denn es könnten auch andere Kinder auf den Fotos oder Videos zu sehen sein. Das möchten wir zum Schutz aller Kinder vermeiden."

Durch das Aufteilen langer Sätze in viele kurze haben Sie oft automatisch nur eine Information pro Satz.

Auf Redewendungen, Sprichwörter, Ironie und Witz verzichten

Auf Redewendungen, Sprichwörter, Metaphern und andere Spielereien mit der Sprache sollten Sie lieber komplett verzichten. Denn sie sind – genau wie Ironie oder Witze – schwierig zu verstehen, wenn man sie nicht kennt.
Dabei können Sie sich an den Kindern orientieren, die ebenfalls keine Ironie, Sprichwörter oder Redewendungen verstehen, weil man oft um die Ecke denken und Inhalte übertragen muss. Das erfordert eine komplexe Denkleistung. Hinzu kommt, dass nicht jedem Menschen eine Redewendung oder ein Sprichwort bekannt ist. Das kann dazu führen, dass diese auch wortwörtlich genommen werden.

BEISPIEL

statt: „Lassen Sie sich das mal durch den Kopf gehen."
Kinder fragen hier: „Ich soll durch den Kopf laufen? Wie das denn?"

deshalb besser: „Denken Sie darüber in Ruhe nach."

NOCH EIN BEISPIEL

„Ich fürchte, da ist das Kind schon in den Brunnen gefallen."
mögliche Reaktion: „Oh, was ist passiert? Das ist ja furchtbar."

Beispiele einbauen

Beispiele helfen dabei, etwas anschaulicher darzustellen und zu erklären. Im Kopf der Leser*innen entsteht dadurch häufig ein Bild. Das ist gut, denn unser Gehirn denkt viel in Bildern, was wiederum das Verstehen von Texten unterstützt.

BEISPIEL

statt: „Wir sammeln für unser Müllprojekt Plastikmüll."
Mit einem Beispiel können Sie hier veranschaulichen, was die Eltern den Kindern mitgeben können. Besser: „Wir sammeln für unser Müllprojekt Plastikmüll, zum Beispiel:

- Flaschendeckel
- Joghurtbecher
- Smoothieflaschen."

Beispiele zur Satzebene

Hier finden Sie ein Vorher-Nachher-Beispiel zur Satzebene. Es verdeutlicht, wie sich die Sprache verändert, wenn einfache Sätze verwendet werden. Im Anschluss werden die Unterschiede und Verbesserungen in einer Tabelle übersichtlich dargestellt und erläutert.

VORHER-BEISPIEL SATZEBENE

Liebe Eltern,

am 09.02. feiern wir in unserer Kita Karneval. Das Thema ist „Unter Wasser".
Die Kinder dürfen dazu gerne verkleidet kommen. **Wir freuen uns über Kostüme, die zum Thema passen, aber natürlich ist auch jede Verkleidung über das Thema hinaus erlaubt.**
Es wird eine Schminkstation eingerichtet. Dort können die Kinder geschminkt werden. Bitte sagen Sie uns, wenn Ihr Kind allergisch auf Schminke oder Ähnliches reagiert.

Ihr Kind braucht an diesem Tag kein eigenes Frühstück. Wir beginnen den Tag mit einem großen Frühstücks-Buffet. Sie können etwas zu essen dafür mitbringen. Eine Liste zum Eintragen hängt am Eingang aus.

Vormittags feiern wir mit einer Unter-Wasser-Disko und lustigen Partyspielen. Am Nachmittag werden wir dann eher eine ruhige Kugel schieben.

Wir freuen uns auf einen fantastischen Tag.

Ihr Team der Kita „Sonnenschein"

Bitte beachten Sie: **Für Verkleidungen und andere Sachen haften Sie selbst.** Bitte denken Sie daran, wenn Sie das Kostüm für Ihr Kind aussuchen.

NACHHER-BEISPIEL SATZEBENE

Liebe Eltern,

am 09.02. feiern wir in unserer Kita Karneval. Das Thema ist „Unter Wasser".

Die Kinder dürfen gerne verkleidet kommen. **Wir freuen uns über Kostüme zum Thema „Unter Wasser". Andere Kostüme sind natürlich auch erlaubt. Wir richten eine Schminkstation ein. Dort schminken wir die Kinder.** Bitte sagen Sie uns, wenn Ihr Kind allergisch auf Schminke oder Ähnliches reagiert.

Ihr Kind bekommt an diesem Tag in der Kita Frühstück. Wir beginnen den Tag mit einem großen Frühstücks-Buffet. Sie können etwas zu essen dafür mitbringen. Eine Liste zum Eintragen hängt am Eingang aus.

Vormittags feiern wir mit einer Unter-Wasser-Disko. Dazu gehören lustige Partyspiele. Am Nachmittag beschäftigen wir uns entspannt in der Gruppe.

Wir freuen uns auf einen fantastischen Tag.

Ihr Team der Kita „Sonnenschein"

Bitte beachten Sie: **Für Verkleidungen und Zubehör, wie Hüte oder Brillen, haften Sie selbst. Zum Beispiel kann im Kita-Alltag etwas schmutzig werden oder kaputtgehen.** Bitte denken Sie daran, wenn Sie das Kostüm für Ihr Kind aussuchen.

// Analyse der Beispiele

Statt	Besser	Anmerkung
Lange Sätze *Wir freuen uns über Kostüme, die zum Thema passen, aber selbstverständlich ist auch jede Verkleidung über das Thema hinaus möglich.*	**Kurze Sätze** *Wir freuen uns über Kostüme zum Thema „Unter Wasser". Andere Kostüme sind natürlich auch erlaubt.*	Kurze Sätze sind verständlicher. Sie lassen sich besser lesen und schneller verstehen.
Passivsätze *Es wird eine Schminkstation eingerichtet. Dort können die Kinder geschminkt werden.*	**Aktivsätze** *Wir richten eine Schminkstation ein. Dort schminken wir die Kinder.*	Bei Passivsätzen rückt das Verb sehr weit nach hinten. Dadurch ist der Satz schwieriger. Mit dem Aktivsatz kommt das Verb weiter nach vorn, der Satz gewinnt dadurch an Verständlichkeit. Zudem wirken Aussagen im Aktiv lebendiger und persönlicher.
Verneinung *Ihr Kind braucht an diesem Tag kein eigenes Frühstück.*	**Positiv ausdrücken** *Ihr Kind bekommt an diesem Tag in der Kita Frühstück.*	Verneinungen werden schnell mal überlesen. Außerdem rufen sie genau das ins Gehirn, was verneint wird. Vermeiden Sie Verneinungen daher, indem Sie das ausdrücken, was tatsächlich geschieht oder geschehen soll.
Mehrere Informationen pro Satz *Vormittags feiern wir mit einer Unter-Wasser-Disko und lustigen Partyspielen.*	**Eine Information pro Satz** *Vormittags feiern wir mit einer Unter-Wasser-Disko. Dazu gehören lustige Partyspiele.*	Teilen Sie Sätze mit mehreren Informationen in mehrere kurze Sätze mit einer Information pro Satz. Bei längeren Aufzählungen können Sie auch Listen mit Aufzählungszeichen machen.

Statt	Besser	Anmerkung
Sprichwörter/ Redewendungen *Am Nachmittag werden wir dann eher eine ruhige Kugel schieben.*	**Das schreiben, was Sie ausdrücken möchten** *Am Nachmittag beschäftigen wir uns entspannt in der Gruppe.*	Sprichwörter und Redewendungen sind schwierig. Denn manche Menschen verstehen das Gesagte wörtlich oder wissen nicht, was Sie damit ausdrücken möchten. Zudem setzen diese einiges an Vorwissen voraus, das nicht alle haben.
Vorwissen voraussetzen/abstrakte Begriffe verwenden *Für Verkleidungen und andere Sachen haften Sie selbst.*	**Beispiele einbauen** *Für Verkleidungen und Zubehör, wie Hüte oder Brillen, haften Sie selbst. Zum Beispiel kann im Kita-Alltag etwas schmutzig werden oder kaputtgehen.*	Beispiele verdeutlichen, was Sie meinen, und vermeiden dadurch Missverständnisse.

3.3 Textebene

Die Textebene umfasst die Wort- und die Satzebene, aber auch noch mehr. Sie befasst sich mit dem gesamten Text, insbesondere jedoch mit der Struktur. Denn ein Text in Einfacher Sprache benötigt eine klare, nachvollziehbare Struktur. Diese trägt sehr zur Verständlichkeit bei. Wenn Sie einen Text formulieren, hilft Ihnen diese Struktur, besser zu schreiben. Den Eltern gibt sie Orientierung durch den Inhalt.
Die Erziehungsberechtigten sollten auf einen Blick erkennen können, um welche Art von Text es sich handelt. Deshalb sollten die gleichen Informationen immer an der gleichen Stelle stehen. Das unterstützt die Leser*innen dabei, **Informationen schnell und einfach auffinden sowie erfassen** zu können.
Zur Textebene für längere Texte gehören, bei Bedarf, auch noch Elemente wie zum Beispiel ein Inhaltsverzeichnis oder eine Liste mit Worterklärungen.

Aussagekräftige Überschriften oder Betreffe verwenden

Eine Überschrift oder ein E-Mail-Betreff hat die Aufgabe, darüber zu informieren, worum es im darauffolgenden Text geht. Zudem sollen Überschrift oder Betreff Interesse wecken, weiterzulesen oder die E-Mail überhaupt zu öffnen.
Wählen Sie daher kurze aussagekräftige Überschriften oder Betreffe für Ihre Nachrichten. Benutzen Sie dabei die wichtigste Information, damit die E-Mail im Posteingang schneller gefunden werden kann.

BEISPIELE

- → Information zum Sommerfest
- → verkürzte Öffnungszeiten
- → Familien-Nachmittag fällt leider aus!
- → gesunde Ernährung in der Kita

Wichtige Informationen gut anordnen

Informationen können in einem Text schnell untergehen. Deshalb strukturieren Sie sie sinnvoll.

MERKEN SIE SICH DAZU DREI GRUNDSÄTZE

1. Die wichtigste Information an den Anfang
2. Zusammen anordnen, was zusammen gehört
3. Wichtige Informationen müssen auch beim Überfliegen schnell zu finden sein.

VORHER-BEISPIEL

Liebe Eltern,

wir suchen Begleitung für unseren Ausflug am Mittwoch, dem 03.03., zum Entsorgungsunternehmen.
Da wir mit öffentlichen Verkehrsmitteln fahren, suchen wir vier Eltern oder auch Großeltern, die sich bereiterklären, den Ausflug zu begleiten.
Wir treffen uns um 8:30 Uhr in der Kita. Sie helfen uns dabei, die Kinder „ausgehfertig" zu machen. Um 9:00 Uhr starten wir dann zur Bushaltestelle.
Gegen 12:00 Uhr werden wir wieder zurück sein. Haben Sie Zeit und Lust, uns zu begleiten? Dann melden Sie sich bitte bei einer Fachkraft.

Ihr Team der Kita „Sonnenschein"

NACHHER-BEISPIEL

Liebe Eltern,

am Mittwoch, dem 03.03., machen wir einen Ausflug zum Entsorgungsunternehmen.
Dafür suchen wir vier Eltern oder auch Großeltern, die sich bereiterklären, den Ausflug zu begleiten. Haben Sie Zeit und Lust, uns zu begleiten? Dann melden Sie sich bitte bei einer Fachkraft.

Was passiert wann?
08:30 Uhr: Treffen in der Kita. Sie helfen uns dabei, die Kinder „ausgehfertig" zu machen.
09:00 Uhr: Wir gehen los zur Bushaltestelle.
12:00 Uhr: Wir sind wieder zurück in der Kita.

Ihr Team der Kita „Sonnenschein"

Jedes Thema bekommt einen eigenen Absatz

Um einen Text übersichtlich, verständlich und schnell lesbar zu strukturieren, können Sie sich die Faustregel „neues Thema = neuer Absatz" merken.
Die Inhalte sind so leichter zu erfassen, gerade auch für Eltern, die Deutsch lernen. Ohne Absätze ist das schwierig – auch für alle anderen.
Zusätzlich erfordert ein schlecht strukturierter Text mehr Zeit zum Lesen – Zeit, die manche nicht haben oder nicht aufbringen möchten. In der Folge bleibt ein solcher Brief eher ungelesen.

Im Beispiel sehen Sie zuerst einen Text ganz ohne Absätze.

BEISPIEL: TEXT OHNE ABSÄTZE

Liebe Eltern,
am Samstag, dem 15.02., um 14 Uhr ist unser „Saubere Kita"-Tag. Wir befreien gemeinsam das Kita-Außengelände und die Straßen rund um die Kita von Müll, ebenso den nahe gelegenen Spielplatz. Dafür suchen wir tatkräftige Familien, die an dieser Aktion teilnehmen. Freund*innen, Nachbar*innen und Verwandte sind ebenfalls eingeladen. Im Anschluss lassen wir den Tag bei Kaffee und Kuchen in unserem frisch gesäuberten Außengelände ausklingen. Dafür bitten wir auch um Kuchenspenden. Listen dafür finden Sie in der Gruppe Ihres Kindes. Geben Sie uns bitte Bescheid, mit wie vielen Personen Sie teilnehmen. Dann können wir besser planen. Ihr Team der Kita „Sonnenschein"

Wie leicht fällt es Ihnen, die Inhalte im Allgemeinen und die im Text enthaltenen Handlungsanweisungen zu entdecken? Lesen Sie nun den Brief mit Absätzen.

BEISPIEL: TEXT MIT ABSÄTZEN

Liebe Eltern,

am Samstag, dem 15.02., um 14 Uhr ist unser „Saubere Kita"-Tag.

Wir befreien gemeinsam das Kita-Außengelände und die Straßen rund um die Kita von Müll, ebenso den nahe gelegenen Spielplatz.

Dafür suchen wir tatkräftige Familien, die an dieser Aktion teilnehmen. Freundinnen und Freunde, die Nachbarschaft und Verwandte sind ebenfalls eingeladen.

Im Anschluss lassen wir den Tag bei Kaffee und Kuchen in unserem frisch gesäuberten Außengelände ausklingen. Dafür bitten wir auch um Kuchenspenden. Listen dafür finden Sie in der Gruppe Ihres Kindes.

Geben Sie uns bitte Bescheid, mit wie vielen Personen Sie teilnehmen. Dann können wir besser planen.

Ihr Team der Kita „Sonnenschein"

Wie leicht fällt es Ihnen, diesen Text zu überfliegen und die für Sie relevanten Informationen herauszufiltern? Mit Absätzen sieht der Text schon viel einladender aus und motiviert viel eher dazu, ihn zu lesen, oder?
Eltern, die sich mit der deutschen Sprache noch schwertun, können einen klar strukturierten Text viel leichter erfassen. Denn durch die Absätze entstehen automatisch Lesepausen, die sie dabei unterstützen, das Gelesene zu begreifen.
Besonders wichtig ist es, dass die Handlungsanweisungen in einem eigenen Absatz stehen. Denn hier möchten Sie schließlich nicht nur informieren, sondern dazu anregen, etwas zu tun.

TIPP

Nutzen Sie Zwischenüberschriften. Dies gilt vor allem für lange Texte und für solche, die sich an unterschiedliche Zielgruppen wenden.
Wie das gehen kann, sehen Sie beim Nachher-Beispiel der Textebene (s. S. 36).

Kommen Sie schnell auf den Punkt

Es ist nett, wenn Sie auch von Dingen berichten, die hinter den Kulissen stattfinden. Damit können Sie Ihr Lesepublikum informieren und auch emotional gut mitnehmen. Achten Sie jedoch darauf, dass dies nicht zu ausschweifend wird. Nicht alle Eltern haben die Zeit, sich auf einen langen Text zu konzentrieren und diesen zu lesen.

BEISPIEL AUSSCHWEIFENDER TEXT:

Liebe Eltern,

wie Sie wissen, haben wir ein wunderschönes Außengelände **mit vielen tollen Spielmöglichkeiten für die Kinder**. Leider sind einige unserer Spielgeräte mittlerweile in die Jahre gekommen und müssen erneuert werden. **Dafür haben wir von verschiedenen Firmen Angebote eingeholt.**
Diese Erneuerung wird sich über mehrere Monate erstrecken. **Es werden viele Arbeiten vorgenommen, denn die alten Geräte müssen zuerst entfernt werden, bevor die neuen eingesetzt werden können. Für Sie zur Info:** Vollständig nutzen können wir das Außengelände **laut Expert*innen** spätestens wieder im September.

Liebe Grüße

Ihr Team der Kita „Sonnenschein“

BEISPIEL TEXT AUF DEN PUNKT

Liebe Eltern,

wie Sie wissen, haben wir ein wunderschönes Außengelände. Leider sind einige unserer Spielgeräte mittlerweile in die Jahre gekommen und müssen erneuert werden.
Diese Erneuerung wird sich über mehrere Monate erstrecken. Vollständig nutzen können wir das Außengelände spätestens wieder im September.

Liebe Grüße

Ihr Team der Kita „Sonnenschein“

Wie Sie in dem Beispiel sehen, kommen Sie schneller zum Punkt, indem Sie unwichtige Informationen weglassen. Auf Einzelheiten und interne Details können Sie verzichten. Die Eltern werden dennoch mit ins Geschehen genommen, wie Sie im unteren Teil des Beispiels sehen.

Beispiele zur Textebene

Hier finden Sie ein Vorher-Nachher-Beispiel zur Textebene. Es verdeutlicht, wie sich die Sprache verändert, wenn ein gut strukturierter Text verwendet wird. Im Anschluss werden die Unterschiede und Verbesserungen in einer Tabelle übersichtlich dargestellt und erläutert.

VORHER-BEISPIEL TEXTEBENE

Betreff: Willkommen!

Liebe Eltern,
herzlich willkommen im neuen Kita-Jahr. Wir hoffen, Sie hatten als Familien eine schöne, kitafreie Zeit und konnten diese genießen. Wir sind schon sehr gespannt, was die Kinder aus ihren Kita-Ferien berichten. Am Montag startet die Kita wie gewohnt um 7 Uhr für alle Kita-Kinder, die die Kita bereits besuchen. Ein neues Kita-Jahr bedeutet auch immer: neue Kinder, neue Familien und neu zusammengesetzte Gruppen. Dabei begleiten wir alle Kinder. Denn die Eingewöhnungszeit ist ein wichtiger Schritt, sowohl für Ihr Kind als auch für Sie als Familie. Uns ist es wichtig, diesen Übergang für alle Beteiligten so sanft wie möglich zu gestalten. Dazu zählen auch die Kinder, die bereits die Kita besuchen.
Ganz besonders begrüßen wir deshalb alle neuen Familien und alle neuen Kinder. Auf die Eingewöhnungszeit bereitet sich das Personal aktuell vor. Eine Begrüßungstafel heißt Sie dann ab Montag im Eingang willkommen. Bestimmt sehen Sie diese, wenn Sie daran vorbeigehen.
Die Kinder, die zur Eingewöhnung kommen, haben individuelle Starttermine. Dazu müssten Sie, liebe Eltern der neuen Kinder, eine separate E-Mail bekommen haben. Falls nicht, dann antworten Sie gerne auf diese E-Mail.
Für alle „alten" Kita-Kinder startet die Kita am Montag, dem 02.08., wie üblich um 7 Uhr.
Darüber hinaus möchten wir Sie alle herzlich zu einem Familientreffen einladen. Dabei haben Sie die Gelegenheit, sich gegenseitig kennenzulernen und erste Kontakte zu knüpfen. Wir starten um 15 Uhr. Wir freuen uns aber über ein paar helfende Hände, die bereits um 14 Uhr da sind und beim Aufbauen helfen. Melden Sie sich dazu bitte bei Frau Wolke. Sie organisiert den Aufbau. Oder schreiben Sie bis zum 25.08. einfach eine E-Mail an unsere Kita-E-Mail-Adresse.
Außerdem organisieren wir Eis, Kaffee und kalte Getränke. Für Kuchenspenden können Sie sich in die Kuchenliste an der Infotafel eintragen.
Das Familientreffen findet am 28.08. statt. Für die Kinder wird es ein paar kleine Attraktionen geben, die wir als Team vorbereiten.

Lassen Sie sich überraschen.
Um 17 Uhr ist unser Fest beendet. Wir freuen uns, wenn sich zum Abbau auch ein paar helfende Hände finden. Bitte melden Sie sich ebenfalls bei Frau Wolke, wenn Sie beim Abbau und Aufräumen helfen können. Oder schreiben Sie auch hier eine E-Mail.

Wir freuen uns auf einen tollen Start mit Ihnen in das neue Kita-Jahr!
Ihr Kita-„Sonnenschein"-Team

NACHHER-BEISPIEL TEXTEBENE

Betreff: Info zum neuen Kita-Jahr und Familienfest

Liebe Eltern,

herzlich willkommen im neuen Kita-Jahr!
Wir hoffen, Sie hatten als Familien eine schöne, kitafreie Zeit und konnten diese genießen.
Wir sind schon sehr gespannt, was die Kinder aus ihren Kita-Ferien berichten.

Info für alle, die schon in die Kita gehen:
Am Montag startet die Kita wie gewohnt um 7 Uhr.

Infos für alle, die neu in der Kita sind:
Die Eingewöhnungszeit ist ein wichtiger Schritt, sowohl für Ihr Kind als auch für Sie als Familie. Uns ist es wichtig, diesen Übergang für alle Beteiligten so sanft wie möglich zu gestalten.
Darum haben die Kinder, die zur Eingewöhnung kommen, individuelle Starttermine.
Dazu müssten Sie eine separate E-Mail bekommen haben. Falls nicht, dann beantworten Sie einfach diese E-Mail.

Herzliche Einladung zum Familientreffen
Das Familientreffen bietet Gelegenheit, sich gegenseitig kennenzulernen und erste Kontakte zu knüpfen.

Datum: 28.08.
Aufbau: 14 Uhr
Beginn: 15 Uhr
Ende: 17 Uhr
Abbau: 17 Uhr

→ Wer kann beim Aufbau oder beim Abbau helfen? Bitte melden Sie sich dazu bei Frau Wolke.
→ Wer kann einen Kuchen mitbringen? Bitte tragen Sie sich in die Kuchenliste an der Infotafel ein.

Die Kita organisiert Eis, Kaffee und kalte Getränke. Für die Kinder bereiten wir ein paar kleine Attraktionen vor. Lassen Sie sich überraschen.

Wir freuen uns auf einen tollen Start mit Ihnen in das neue Kita-Jahr!
Ihr Team der Kita „Sonnenschein"

// Analyse der Beispiele

Statt	Besser	Anmerkung
Betreff: Willkommen!	Betreff: Info zum neuen Kita-Jahr und Familienfest	„Willkommen" drückt hier nichts aus. Sie unterstützen das Leseverständnis, wenn Ihr Text einen aussagekräftigen Betreff oder eine Überschrift hat.
Informationen und Daten verteilt und unübersichtlich mitten im Text	**Informationen und Daten strukturiert und übersichtlich präsentiert**	Menschen können Inhalte und Texte einfacher verstehen, wenn sie gut strukturiert und aufbereitet sind. Zudem lässt sich ein Text so auch leichter überfliegen und wichtige Infos durch Scannen schnell auffinden. Menschen mit anderen Erstsprachen haben so die Chance, die Information leichter zu übersetzen.
Zu wenige und willkürliche Absätze	**Neues Thema – neuer Absatz**	Absätze schaffen Übersichtlichkeit. Je klarer und übersichtlicher ein Text ist, desto leichter ist er zu lesen und zu verstehen. Strukturieren Sie die Informationen in sinnvolle Einheiten, die sich eine nach der anderen lesen lassen.
Zu viel um das Wesentliche herumreden	**Sich aufs Wesentliche konzentrieren**	Wenn Sie zu viel um das Wesentliche herumreden, kann das verwirren. Lassen Sie daher Unwichtiges und Doppelungen weg. Dadurch schaffen Sie Eindeutigkeit und es ist leichter nachzuvollziehen, was Sie ausdrücken möchten.

3.4 Gestaltungsebene

Die Gestaltungsebene ist keine Sprachebene im wissenschaftlichen Sinn, gehört in diesem Kontext aber dennoch dazu. Hier geht es zum Beispiel um Schriftart, Schriftgröße, Zeilenabstand oder die Verwendung von Bildern und Farben. Außerdem geht es darum, den Text so zu gestalten, dass alle sofort wissen, worum es geht und was zu tun ist (zum Beispiel „Einladung zum Sommerfest", „Materialliste für den Bastelnachmittag"). Gleichzeitig geht es darum, den **Text aufzubereiten**, sodass die wichtigsten Informationen schnell ins Auge fallen.

Klare Schriftart benutzen

Wählen Sie eine gut lesbare Schrift ohne Schnörkel, wie zum Beispiel Arial oder eine ähnliche **Standardschrift**. Manche Einrichtungen haben vom Träger die Vorgabe, eine bestimmte Schrift zu verwenden. Dann benutzen Sie natürlich diese.

Größere Schrift verwenden

Verwenden Sie lieber größere Schrift. Bei **Aushängen** sollte die Schriftgröße mindestens **24 Punkt** betragen. Dadurch ist der Text auch aus größerer Entfernung und quasi im Vorbeilaufen lesbar. Für Texte, wie zum Beispiel **E-Mails**, die etwa eine Seite lang sind, nutzen Sie am besten eine Schriftgröße von **14 bis 16 Punkt**. Bedenken Sie, dass viele Menschen ihre Mails am Handy lesen und hier der Bildschirm wesentlich kleiner ist als der eines Computers.
Für **Texte, die länger sind als eine Seite und nicht als E-Mail** verschickt werden, können Sie eine Schriftgröße von **12 Punkt** nehmen.
Denken Sie bei allen Texten auch an einen angemessenen Zeilenabstand. Mit einem Zeilenabstand von 1,5 machen Sie alles richtig für einen gut lesbaren Text.

EXTRA-TIPP FÜR AUSHÄNGE

Gehen Sie drei Schritte vom Aushang zurück. Können Sie die wichtigsten Informationen immer noch gut lesen? Dann ist er gut gestaltet.

Hervorhebungen für wichtige Informationen nutzen

Als Hervorhebung eignet sich **Fettdruck** am besten. Wörter, die ausschließlich in Großbuchstaben geschrieben sind, lassen sich schlechter lesen. Das Gleiche gilt für kursive Schrift, weil diese direkt kleiner wirkt. Damit das Dokument klar und übersichtlich bleibt, verwenden Sie Hervorhebungen gezielt und maximal zwei bis drei verschiedene pro Seite oder pro Text. Auch Einzüge, Stichpunkte und Rahmen helfen dem Auge, Informationen schnell zu erfassen und einzuordnen.

Schwarze Schrift auf weißem Papier verwenden

Durch den **hohen Kontrast** ist schwarze Schrift auf weißem Papier am besten zu lesen. Außerdem sind es unsere Augen so gewöhnt. Wenn Sie buntes Papier verwenden wollen, dann schreiben Sie zunächst mit schwarzem Stift auf weißem Papier. Kleben Sie anschließend das weiße Blatt auf eine bunte Pappe. Alternativ schmücken Sie den Rand des Papiers, aber nicht den Text an sich.

Innerhalb eines Textes können Sie einzelne wichtige Informationen hervorheben, indem Sie diese mit einem Textmarker hervorheben oder mit einem farbigen Stift unterstreichen. Sie können auch einzelne Wörter bunt schreiben. Beachten Sie dabei, dass Menschen mit Rot-Grün-Schwäche oder Rot-Grün-Blindheit diese beiden Farben schlecht oder gar nicht wahrnehmen und vielleicht nicht unterscheiden können. Zudem gilt Rot nicht in allen Kulturen als Signalfarbe für „Achtung, wichtig!" oder „Achtung, gefährlich!".

Bilder bei Bedarf verwenden

Je nach Textart und Anlass können Sie **Fotos oder Zeichnungen** verwenden. Diese unterstützen das Verständnis des Textes. Versehen Sie etwa Materiallisten (zum Beispiel „Das braucht Ihr Kind in der Kita") mit Fotos der Gegenstände, die das Kind benötigt. Oder wenn es einen Vortrag mit einer Referentin gibt, zeigen Sie mit einem Foto, wie die Person aussieht. Das können Sie auch bei einem neuen Mitglied im Team machen. Bei einer Wanderung nutzen Sie ein Foto vom Treffpunkt oder eine Markierung in einem Kartenausschnitt, damit auch wirklich alle den Ort finden. Fragen Sie sich bereits, während Sie schreiben, ob eine bildliche Darstellung das Verstehen der Informationen unterstützt.

Zeichnungen können hilfreich sein, wenn es kein geeignetes Foto gibt oder wenn die Informationen leicht zu zeichnen sind. Beispielsweise eine Schere oder ein Apfel. Aus einfachen Grundformen wie Kreis, Viereck oder Dreieck können Sie leicht viele verschiedene Dinge aus dem Kita-Alltag zeichnen. Dafür ist kein Talent nötig, lediglich ein bisschen Mut und Übung.

Fotos oder Zeichnungen oder andere Illustrationen finden Sie **im Internet entweder kostenlos oder für kleines Geld**. In manchen Fällen kann es sich aber lohnen, selbst Bilder zu malen oder illustrieren zu lassen. Bitte beachten Sie in jedem Fall immer das **Urheberrecht** und die lizenzrechtlichen Bestimmungen, sonst kann es teuer werden.

Beispiele zur Gestaltungsebene

Hier finden Sie ein Vorher-Nachher-Beispiel zur Gestaltungsebene. Es verdeutlicht, wie eine gute Gestaltung den Lesefluss und die Verständlichkeit fördert. Im Anschluss werden die Unterschiede und Verbesserungen in einer Tabelle übersichtlich dargestellt und erläutert.

VORHER-BEISPIEL

Betreff: Notbetreuung, diese Woche 18.11.-22.11.

Liebe Eltern,

zurzeit sind viele aus dem Team krank.

Deshalb müssen wir am Freitag, dem 22.11., die Kita bereits um 15 Uhr schließen.

Wir möchten dennoch alle Kinder gut betreuen. Dafür brauchen wir Ihre Mithilfe. So können Sie uns entlasten: Wenn es Ihnen möglich ist, dann lassen Sie Ihr Kind zu Hause. Nutzen Sie eine andere Betreuung (z.B. bei Großeltern). Bringen Sie Ihr Kind später in die Kita. Holen Sie Ihr Kind früher ab.

Zu welchen Zeiten besucht Ihr Kind diese Woche die Kita? Schreiben Sie dazu eine E-Mail. Oder bringen Sie einen Zettel in die Gruppe Ihres Kindes. Dann können wir besser planen.

Ebenfalls wegen Krankheit fallen die folgenden Aktivitäten in dieser Woche aus: Gärtnern und Vorschul-Unterricht. Das Turnen findet innerhalb der Gruppe statt.

Vielen Dank für Ihre Mitarbeit.
Ihr Kita-„Sonnenschein"-Team

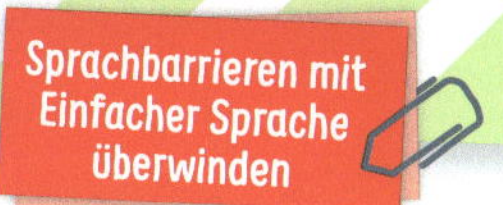

NACHHER-BEISPIEL

Betreff: !!! Notbetreuung, diese Woche 18.11.–22.11. !!!

Liebe Eltern,

zurzeit sind viele aus dem Team krank.

Deshalb müssen wir am **Freitag, dem 22.11., die Kita bereits um 15 Uhr schließen**.

Wir möchten dennoch alle Kinder gut betreuen. Dafür brauchen wir Ihre Mithilfe. So können Sie uns entlasten:

- Wenn es Ihnen möglich ist, dann lassen Sie Ihr Kind zu Hause.
- Nutzen Sie eine andere Betreuung (z. B. Großeltern).
- Bringen Sie Ihr Kind später in die Kita.
- Holen Sie Ihr Kind früher ab.

Zu welchen Zeiten besucht Ihr Kind diese Woche die Kita? Schreiben Sie dazu eine E-Mail. Oder bringen Sie einen Zettel in die Gruppe Ihres Kindes. Dann können wir besser planen.

Ebenfalls wegen Krankheit fallen die folgenden Aktivitäten in dieser Woche aus:

- Gärtnern
- Vorschul-Unterricht

Das Turnen findet innerhalb der Gruppe statt.

Vielen Dank für Ihre Mitarbeit,
Ihr Team der Kita „Sonnenschein“

// Analyse der Beispiele

Statt	Besser	Anmerkung
Spielerische Schrift	Klare Schrift	Oft ist es verlockend, mit einer spielerischen Schrift einen Aushang, einen Brief oder eine E-Mail zu verschönern. Nutzen Sie dafür besser andere Gestaltungselemente. Für die Schrift gilt: leicht lesbar.
Zu kleine Schrift	Große Schrift	Eine große Schrift hilft dabei, einzelne Wörter zu erfassen und bei Bedarf in Gedanken zu übersetzen. Denken Sie hier auch an Menschen mit Sehbehinderung.
Graue Schrift	Schwarze Schrift	Sowohl digital als auch analog lässt sich graue oder auch farbige Schrift aufgrund des zu geringen Kontrasts schlecht lesen.
Keine Hervorhebungen	Wichtiges durch Fettdruck hervorheben	Fettdruck fällt schnell ins Auge. Wichtiges wird dadurch schneller wahrgenommen und wiedergefunden.

TEIL 2

Einfache Sprache in der Einrichtung einführen

Sie wissen nun, was Einfache Sprache ist. Jetzt geht es an die Umsetzung in Ihrem Alltag in der Einrichtung. In anderen Bereichen der Kita kennen Sie das: Sie investieren in langlebiges Material. Statt beispielsweise die billigen und scharfkantigen Plastikbausteine zu kaufen, nehmen Sie mehr Geld in die Hand und nehmen qualitativ hochwertige Holzbausteine. Die **einmalige Investition zahlt sich auf lange Sicht aus**. Genauso verhält es sich mit der Einfachen Sprache. Sie setzen sich nun damit auseinander, investieren Zeit und Gedanken-Kapazität, um Ihre Texte und Unterlagen in Einfache Sprache zu übersetzen. Das zahlt sich ebenfalls langfristig aus, denn Formulare in Einfacher Sprache können Eltern (weitgehend) ohne Ihre Hilfe ausfüllen. Elternbriefe in Einfacher Sprache erzeugen weniger oder gar keine Rückfragen. Sie sparen also, langfristig gesehen, Zeit. Zeit, in der Sie dann direkt mit den Kindern arbeiten können, anstatt sich um Papierkram kümmern zu müssen.
Sie werden merken, dass Sie **für Sprache sensibilisierter** sind, wenn Sie dieses Buch gelesen und sich mit den Inhalten beschäftigt haben. Das allein ist schon ein toller Fortschritt.
Betrachten Sie das Etablieren der Einfachen Sprache als kleines Projekt. Gehen Sie dieses **Projekt als Team** an, nutzen Sie die Stärken und Fähigkeiten aller Teammitglieder. Verteilen Sie die Aufgaben auf mehrere Schultern. So werden Sie bald schneller Texte schreiben und von den Vorteilen der Einfachen Sprache im Alltag profitieren.
Auf den folgenden Seiten finden Sie eine Anleitung, wie es Ihnen gelingt, die Einfache Sprache als festen Bestandteil in Ihrer Einrichtung einzusetzen.

Abb. © Tori2 – Shutterstock.com

Praxistipp – Fünf Phasen: Einfache Sprache in Ihrer Kita etablieren

In fünf Phasen können Sie Einfache Sprache schnell und leicht in Ihrer Kita etablieren. Nutzen Sie diese Übersicht als eine Art Leitfaden für Ihren gemeinsamen Weg.

	Beschreibung	**Hilfreiche Materialien**
Phase 1: Das Team ins Boot holen	Das Thema Einfache Sprache sollten Sie als Team angehen. Auch wenn Sie vielleicht einzelne Teammitglieder auswählen, die sich auf dieses Thema spezialisieren. Dennoch sollten alle dafür sensibilisiert sein und die Einführung der Einfachen Sprache unterstützen.	S. 47: In fünf Schritten das Team ins Boot holen
Phase 2: Einen bereits vorhandenen Text auf Einfache Sprache überprüfen	Probieren Sie Einfache Sprache direkt praktisch aus. Nehmen Sie zum Beispiel einen Elternbrief und überprüfen Sie diesen gemeinsam im Team auf Lesbarkeit nach den Kriterien der Einfachen Sprache. Idealerweise ist das ein Brief, den Sie immer wieder benötigen, wie zum Beispiel den Willkommensbrief zur Eingewöhnung. **TIPP** Bei einem sehr großen Team können Sie sich auch in Gruppen aufteilen und jede Gruppe übernimmt einen anderen Text. So haben Sie gleich mehrere Texte auf Einfache Sprache überprüft und können diese parallel optimieren.	S. 62: Kita-Checkliste Einfache Sprache S. 64: Spickzettel Einfache Sprache

	Beschreibung	Hilfreiche Materialien
Phase 3: Einen neuen Text in Einfacher Sprache verfassen	Im nächsten Schritt verfassen Sie einen neuen Text. Gibt es eine E-Mail oder einen Brief, der in den nächsten Tagen an die Eltern gehen soll? Dann schreiben Sie diesen Text gleich in Einfacher Sprache. **TIPP** Auch hier können Sie sich wieder in Kleingruppen aufteilen, die je einen anderen Text verfassen.	S. 65: Vier Schritte zum Text in Einfacher Sprache
Phase 4: Plan für alte Texte machen	Wenn Sie Einfache Sprache etablieren, geht es zum einen darum, neue Texte ab sofort in Einfacher Sprache zu verfassen, soweit Ihnen das natürlich möglich ist. Zum anderen geht es jedoch auch darum, alte Texte zu überprüfen und umzuschreiben. Listen Sie zunächst auf, welche Texte es in Ihrer Kita gibt. Arbeiten Sie diese schrittweise ab. Verteilen Sie Aufgaben im Team.	S. 56: Ein eigenes Kanban-Board erstellen und einsetzen S. 70: Checkliste Texte überarbeiten
Phase 5: Eltern mit ins Boot holen	Machen Sie transparent, dass Sie sich mit der Einfachen Sprache auseinandersetzen. Fragen Sie die Eltern, wie klar für sie Ihre schriftliche Kommunikation ist. Bitten Sie die Eltern, Ihnen eine Rückmeldung zu geben, wenn Texte schwer verständlich sind, damit Sie diese verbessern können.	S. 72: Fragebogen für Eltern S. 71: Beispiel: Elternbrief zum Fragebogen S. 74: Mit Testleser*innen zusammenarbeiten S. 77: Beispiel: E-Mail, um Testleser*innen zu gewinnen

DOWNLOADTIPP

Sie finden eine Variation dieser Tabelle zum Ausdrucken unter „Zusatzmaterial" (s. S. 3 für den Zugang). Sie enthält zusätzlich Platz für eigene Notizen. Außerdem können Sie die Vorlage wie eine Aufgabenliste zum Abhaken nutzen.

Praxistipp – In fünf Schritten das Team ins Boot holen

Mit diesen fünf Schritten können Sie das Thema „Einfach Sprache" gemeinsam im Team angehen.

Schritte 1–5	Beschreibung	Hilfreiche Materialien
Schritt 1: Gemeinsame Auseinandersetzung mit dem Thema	Einfache Sprache ist wichtig für Teilhabe, Gleichberechtigung und dafür, dass alle sich aktiv einbringen können. Tragen Sie für die gemeinsame Umsetzung Ihre Kenntnisse zusammen. Bei Bedarf diskutieren Sie über Mythen und Vorurteile gegen Einfache Sprache. **TIPP** Sie können sich auch im Internet über das Thema informieren, eine Schulung besuchen oder eine Referentin oder einen Referenten einladen.	Kapitel 3 in diesem Buch S. 49: Widerstände im Team entkräften
Schritt 2: Bestandsaufnahme machen	Stellen Sie fest, wo Sie aktuell in Bezug auf die Etablierung der Einfachen Sprache stehen.	S. 51: Fragebogen: Bestandsaufnahme
Schritt 3: Auswertung der Bestandsaufnahme	Analysieren Sie, wie Sie Einfache Sprache am besten einführen können. Schauen Sie sich dazu im Team die Auswertung der Bestandaufnahme an.	S. 52: Arbeitsblatt: Auswertung der Bestandsaufnahme S. 53: Reflexion: Sprachbarrieren abbauen

Schritte 1–5	Beschreibung	Hilfreiche Materialien
Schritt 4: Aktionsplan ausarbeiten	Überlegen Sie gemeinsam im Team, wie Sie die Einfache Sprache konkret in Ihrer Einrichtung einführen können.	S. 55: Aufgaben stärkenorientiert verteilen S. 57: Texte in Einfacher Sprache organisieren S. 59: Einfache Sprache zeitsparend einführen
Schritt 5: Gemeinsam praktisch üben	Unterstützen Sie sich gegenseitig bei der Überarbeitung von bestehenden Texten und der Erstellung von neuen Texten. Nehmen Sie sich dazu einen Text nach dem anderen vor. Fangen Sie gleich an, so oft wie möglich Texte in Einfacher Sprache zu schreiben.	Gehen Sie über in Phase 2 bis 5: Einen Text in Einfacher Sprache schreiben

TIPPS

- Sie müssen nicht alle Texte sofort in Einfacher Sprache verfassen. Schauen Sie jedoch immer wieder gezielt und fragen Sie sich: Ist das Einfache Sprache? Kann ich es noch besser und verständlicher schreiben?
- Sie werden im Laufe der Zeit und mit der Übung immer besser. Irgendwann wird Ihnen direkt auffallen, wenn etwas zu kompliziert geschrieben ist. Bleiben Sie dran.

DOWNLOADTIPP

Die Tabelle „In fünf Schritten das Team ins Boot holen" in einer Variante mit Platz für Ihre eigenen Notizen finden Sie im Download unter „Zusatzmaterial" (s. S. 3 für den Zugang). Außerdem können Sie die Vorlage wie eine Aufgabenliste nutzen und abhaken, wenn Sie einen Schritt fertig bearbeitet haben.

Praxistipp – Widerstände im Team entkräften

Wenn Sie sich an die Einführung von Einfacher Sprache machen, kann es sein, dass Sie auf Widerstände bei Mitarbeiter*innen und Kolleg*innen stoßen. Vielleicht spüren Sie selbst auch diese Widerstände in sich. Weiter vorn im Buch (s. S. 14) finden Sie einige Vorurteile rund um Einfache Sprache und deren Entgegnung. Hier geht es nun um Widerstände organisatorischer Natur und wie Sie diese entkräften können. Nutzen Sie die folgende Übersicht auch dafür, um über Ihre eigenen Widerstände zu sprechen und diese im Team zu diskutieren.

Widerstand gegen Einfache Sprache	**Ihre Argumente für Einfache Sprache**
Keine Zeit, wir haben so schon genug zu tun. Wann sollen wir das auch noch machen?	*Sie müssen nicht alles auf einmal machen. Bearbeiten Sie einfach ein Dokument nach dem anderen. Verteilen Sie dabei die Aufgaben, sodass jedes Teammitglied eine passende und überschaubare Aufgabe bekommt.*
Wo sollen wir da anfangen?	*Fangen Sie mit einem ersten Dokument an. Dieses muss nicht auf Anhieb perfekt werden, es ist ja ein Lernprozess. Haben Sie keine Angst vor Fehlern, denn das kann lähmen.* *Wichtig ist, überhaupt anzufangen und dann Schritt für Schritt weiterzumachen und dranzubleiben.*
Es funktioniert bisher doch auch ohne Einfache Sprache gut.	*Einiges läuft vielleicht schon gut. Aber Hand aufs Herz – Sie haben sich bestimmt schon gewundert oder geärgert, dass Eltern wichtige Informationen falsch oder gar nicht verstanden haben.* *Hier kann Einfache Sprache Ihnen helfen. Sparen Sie sich Zeit und Nerven, weil Eltern weniger nachfragen oder weniger falsch verstehen. Und nur weil ein Text für Sie gut verständlich ist, heißt das nicht, dass es auch für die Eltern einfach zu lesen ist.*

Widerstand gegen Einfache Sprache	Ihre Argumente für Einfache Sprache
Bei uns beschwert sich niemand.	*Das mag sein, aber manche Eltern landen dann an anderen Stellen, zum Beispiel beim Integrationsmanagement oder bei den Sozialarbeiter*innen. Diese Stellen müssen dann Ihre Briefe übersetzen und erklären. Dadurch fehlt ihnen Zeit für ihre eigentliche Arbeit. Das wird leider oft nicht gesehen.*
Die Dokumente ändern sich doch eh dauernd, da hoppeln wir doch nur hinterher.	*Es gibt genügend Dokumente, die sich gar nicht oder immer nur wenig ändern. Schauen Sie sich zum Beispiel einige Einladungen im Lauf des Kita-Jahres an. Da verwenden Sie häufig die gleichen oder ganz ähnliche wie im Vorjahr, oder?* *Das bedeutet, Sie brauchen diese nur einmal anzupassen und profitieren dann jahrelang davon.*
Das haben wir schon immer so gemacht.	*Können Sie genauer sagen, was Sie immer schon so gemacht haben? Was waren die Folgen davon?* *Was wäre, wenn Einfache Sprache Ihnen die Arbeit erleichtern würde?*
Das haben wir noch nie gebraucht.	*Es kann sein, dass Sie in der Vergangenheit ohne Einfache Sprache ausgekommen sind. Aber die Zeiten ändern sich und es kommen immer mehr Eltern und Mitarbeitende in die Kita, die davon profitieren. Und mit ihnen müssen Sie so kommunizieren, dass sie Sie verstehen – und zwar prinzipiell ohne Hilfe von anderen.*

Abb. © Tori2 – Shutterstock.com

Kopiervorlage zum Download (s. S. 3)

Kopiervorlage

Fragebogen: Bestandsaufnahme

Machen Sie anhand des Fragebogens eine Bestandsaufnahme Ihrer Texte.

1. Welche Texte gibt es in Ihrer Einrichtung?

- ☐ Internetseite/Webseitentexte
- ☐ Aushänge
- ☐ E-Mails
- ☐ Elternbriefe
- ☐ Nachrichten in Apps und Co., zum Beispiel Informationen in der Kita-App oder in Messenger-Diensten
- ☐ Dokumente/Formulare (zum Beispiel Anmeldebögen, Fragebögen, Datenschutzerklärung)
- ☐ Bildungsdokumentationen
- ☐ Konzeption
- ☐ Sonstiges: ....

2. Auf einer Skala von 1 bis 10: Welche Kommunikationswege funktionieren bei Ihnen am besten?

Bewerten Sie (aus dem Bauch heraus) die Effektivität der einzelnen Wege.

(Dabei bedeutet 1 „nicht effektiv" und 10 „sehr effektiv".)

Internetseite/Webseitentexte	1	2	3	4	5	6	7	8	9	10
Aushänge	1	2	3	4	5	6	7	8	9	10
E-Mails	1	2	3	4	5	6	7	8	9	10
Elternbriefe	1	2	3	4	5	6	7	8	9	10
Nachrichten in Apps und Co.	1	2	3	4	5	6	7	8	9	10
Dokumente/Formulare	1	2	3	4	5	6	7	8	9	10
Bildungsdokumentationen	1	2	3	4	5	6	7	8	9	10
Konzeption	1	2	3	4	5	6	7	8	9	10
Sonstiges:	1	2	3	4	5	6	7	8	9	10

3. Was verstehen Eltern häufig nicht? Wo gibt es die meisten Missverständnisse?

....

....

....

4. Was würden Sie in Bezug auf Sprachbarrieren in Ihrer Einrichtung gerne ändern oder verbessern?

....

....

....

....

Kopiervorlage

Arbeitsblatt: Auswertung der Bestandsaufnahme

Herzlichen Glückwunsch! Den ersten Schritt haben Sie schon geschafft. Sie haben eine erste Bestandsaufnahme gemacht. Diese werten Sie nun aus. Schreiben Sie die Antworten auf die folgenden Fragen in die Kästchen der Tabelle unten ein.

Datum: .... Anwesende Personen: ....

→ **1.** Tragen Sie ein, wo Sie Einfache Sprache schon umsetzen. Gibt es zum Beispiel schon leicht verständliche Aushänge oder Elternbriefe? Das können Sie mithilfe der Kita-Checkliste Einfache Sprache oder mit einem der Online-Werkzeuge überprüfen. An dieser Stelle lohnt es sich auch, genau hinzuschauen: Was funktioniert schon gut? Notieren Sie das auf jeden Fall auch, denn das Positive geht im Berufsalltag manchmal unter.

→ **2.** Tragen Sie ein, was noch fehlt bzw. was Sie noch verbessern möchten in Bezug auf Einfache Sprache. Halten Sie hier auch fest, was Sie etablieren möchten, zum Beispiel bestimmte Abläufe, um einfach verständliche Texte zu schreiben. Oder ob Sie bei jeder Dienstbesprechung kurz über Ihre Fortschritte berichten möchten.

→ **3.** Tragen Sie ein, welche Vorteile entstehen, wenn Sie dauerhaft Einfache Sprache in Ihrer Kita einführen. Als Anregung können Sie in den Abschnitt „2.3 Welche Vorteile hat Einfache Sprache?" schauen.

→ **4.** Tragen Sie ein, welchen Herausforderungen Sie wahrscheinlich begegnen werden, wenn Sie dauerhaft Einfache Sprache in Ihrer Kita einführen. Hier können Sie sich beispielsweise mit Widerständen gegen das Thema befassen. Oder vielleicht damit, wie Sie die Trägerebene von dem Konzept überzeugen.

TIPP

Sie können Ihre Antworten auch auf ein Flipchart oder große Papierbögen schreiben. Hängen Sie diese so auf, dass Sie sie später immer wieder ergänzen können.

1. Das haben wir schon. Hier sind wir schon gut in Bezug auf Einfache Sprache.	2. Das fehlt uns noch. Das wollen wir verbessern/ etablieren in Bezug auf Einfache Sprache.
3. Vorteile, wenn wir Einfache Sprache einführen	**4. Herausforderungen, wenn wir Einfache Sprache einführen**

Kopiervorlage zum Download (s. S. 3)

Kopiervorlage
Reflexion: Sprachbarrieren abbauen

Einfache Sprache in der Einrichtung einführen

Auf dieser Vorlage finden Sie hilfreiche Fragen zur eigenen Reflexion.
Begeben Sie sich gemeinsam im Team auf die Suche, wie Sie Sprachbarrieren dauerhaft in Ihrer Einrichtung abbauen können.

Datum: .... Anwesende Personen: ....

1. **Was können wir ganz konkret verändern? Was können wir gegen aktuelle Sprachbarrieren tun?**

   ....

   ....

2. **Was können wir leicht und schnell ohne zusätzlichen Aufwand umsetzen?**

   ....

   ....

3. **Was würden wir gern umsetzen, braucht aber mehr Zeit für die Umsetzung?**

   ....

   ....

4. **Wie können wir uns die Zeit für die Umsetzung einplanen?**

   ....

   ....

5. **Wie können wir die Aufgaben im Team sinnvoll und stärkenorientiert verteilen? Wer könnte was wann erledigen?**

   ....

   ....

6. **Wer kann uns bei der Umsetzung unterstützen?**
   (Zum Beispiel Eltern als Testleser*innen, Praktikant*in als Kopierhilfe)

   ....

   ....

7. **Welche Ressourcen können wir sonst noch nutzen?**

   ....

   ....

Kopiervorlage zum Download (s. S. 3)

Kopiervorlage

Arbeitsblatt: Erste Texte in Einfacher Sprache verfassen

Notieren Sie in der Tabelle, wer im Team bis wann welche Texte in Einfacher Sprache verfasst.

1. Sammeln und notieren Sie zunächst, welche Texte Sie in den nächsten Wochen schreiben müssen. Was steht in Kürze an? Welche Aushänge, Elternbriefe und E-Mails?
2. Schauen Sie in Ihren Fundus: Welche dieser Texte gibt es bereits, die nur überarbeitet werden müssen? Legen Sie anschließend fest, welche Texte Sie neu verfassen möchten.
3. Tragen Sie die Bezeichnung dieser Texte in die Tabellen ein. Notieren Sie, wer im Team bis wann für die Fertigstellung der Texte verantwortlich ist.
4. Tragen Sie unten in das Feld „Wiedervorlage" das Datum ein, an dem Sie diese Liste gemeinsam überprüfen und aktualisieren möchten. Markieren Sie das Datum auch zusätzlich in Ihrem Kalender.

Datum: .... Anwesende Personen: ....

Wer überarbeitet welche bereits vorhandenen Texte bis wann?

Welcher Text?	Wer überarbeitet?	Bis wann?

Wer schreibt welche neuen Texte in Einfacher Sprache bis wann?

Welcher Text?	Wer überarbeitet?	Bis wann?

Wiedervorlage: ....

Kopiervorlage

Aufgaben stärkenorientiert verteilen

Um Einfache Sprache langfristig in der Einrichtung zu etablieren, ist es sinnvoll, die einzelnen Aufgaben stärkenorientiert im Team zu verteilen. Das bedeutet, dass die einzelnen Mitarbeitenden in Bezug auf Einfache Sprache das tun, was sie gern tun und am besten können.

Datum: .... Anwesende Personen: ....

Zu erledigen	Wer?	Bis wann?
bereits vorhandene Texte heraussuchen		
Texte/Kopiervorlagen strukturieren und organisieren		
Informationen für neue Texte stichpunktartig aufschreiben		
Entwurf für einen neuen Text verfassen		
Texte überarbeiten		
Texte auf Einfache Sprache überprüfen		
Texte gestalten		
Gruppe von Testleser*innen organisieren		
E-Mails vorbereiten und verschicken		
Aushänge aufhängen		
Elternbriefe verteilen		

Praxistipp – Ein eigenes Kanban-Board erstellen und einsetzen

Das Kanban-Board hilft Ihnen dabei, die Textbearbeitung übersichtlich zu halten. Bei einem klassischen Kanban-Board haben Sie drei Spalten:

Zu erledigen	In Arbeit	Erledigt

So geht's

- Skizzieren Sie dieses Schema zum Beispiel auf einem Flipchart, einem Whiteboard.
- Schreiben Sie die Namen der Texte, die Sie in Ihrer Einrichtung haben, jeweils auf einen Klebezettel. Beispiel: „Einladung zum Sommerfest". Tun Sie das mit allen Texten.
- Sortieren Sie alle Klebezettel in die Spalte „Zu erledigen" ein.
- Wenn Sie an einem Text arbeiten, kleben Sie den dazugehörigen Zettel in die Spalte „In Arbeit".
- Ist der Text fertig überarbeitet, kleben Sie ihn in die Spalte „Erledigt". So sehen Sie Ihre Erfolge und die geleistete Arbeit auf einen Blick.

TIPP
Notieren Sie auch auf dem Klebezettel: Wer aus dem Team übernimmt diesen Text? Bis wann soll dieser fertig sein?

Für die Arbeit an den Texten in Einfacher Sprache können Sie das Kanban-Board auch aufsetzen wie folgt:

Zu erledigen		In Arbeit		Erledigt
Text verfassen	Text auf Einfache Sprache überprüfen	Text überarbeiten	Text gegenlesen lassen	Text ist fertig

Praxistipp – Texte in Einfacher Sprache organisieren

Um die Texte in Einfacher Sprache zu organisieren, sammeln Sie alle Textdokumente in einem Ordner, den Sie wiederum sinnvoll strukturieren, um gesuchte Unterlagen möglichst schnell zur Hand zu haben. Das kann ein digitaler Ordner sein oder ein Aktenordner im Leitungsbüro. Folgende Aufteilung bietet sich in diesem Ordner an:

1. Unterteilung in Jahreszeiten/Monate

Organisieren Sie die Dokumente in einzelne Ordner oder Reiter nach Jahreszeiten bzw. Monaten, da viele Ereignisse in der Kita in bestimmten Monaten stattfinden, ist diese Aufteilung hilfreich.

BEISPIELE

→ Eingewöhnung: August
→ Sommerfest: Juni

2. Weitere Unterteilungen

Zusätzlich zu den Monaten können Sie einen weiteren Ordner/Reiter anlegen für Texte, die sich nicht in die einzelnen Monate einordnen lassen.

BEISPIELE

→ Vorschule
→ Pädagogischer Planungstag

Alternative Sortierungen für so einen Ordner

- nach Textsorten (Aushänge, Elternbriefe, Infozettel …)
- nach Themen und diese alphabetisch (Ausflüge, Elterngespräche, Feste, Vorschule …)
- nach Nutzungsturnus (jährlich, monatlich, wöchentlich, täglich, Sonstiges …)
- nach Kanban-Board (s. S. 56)
- nach Stadium der Überarbeitung (zu überarbeitende Texte, auf Einfache Sprache zu überprüfen, Text überarbeiten, Text gegenlesen lassen, Text ist fertig)

TIPPS

- In einem weiteren, unterteilten Bereich können Sie die Kopiervorlagen und Materialien aus diesem Buch speichern bzw. abheften.
- Kleben Sie sich ganz vorn in den Ordner die Kita-Checkliste Einfache Sprache (s. S. 62) als Übersicht.

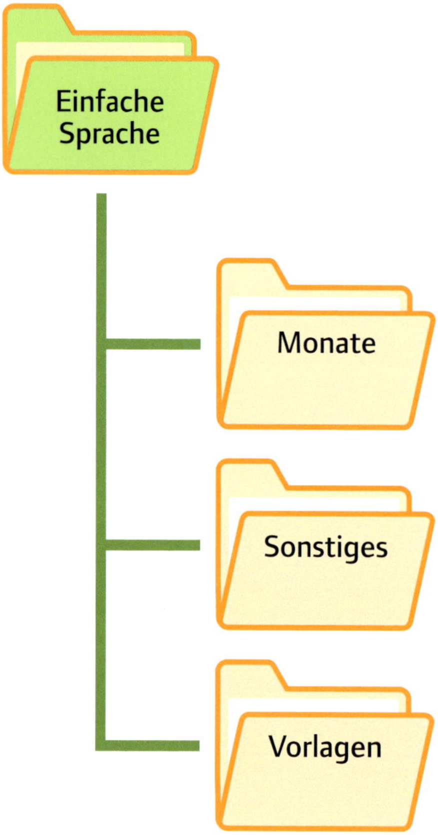

Einfache Sprache

- Monate
- Sonstiges
- Vorlagen

BEISPIELE

- Monate: Eingewöhnung, Sommerfest
- Sonstiges: Vorschule
- Vorlagen: Spickzettel Einfache Sprache

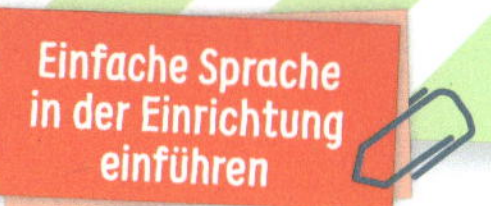

Praxistipp – Einfache Sprache zeitsparend einführen

Wenn Sie Ihre Arbeit verändern oder Methoden einführen, dann kostet das Zeit. Denn Veränderungen sind zu Beginn aufwändig. Doch allmählich sparen Sie Zeit, wenn die Abläufe routiniert werden. Drei Tipps, die Sie dabei unterstützen können:

1. Erstellen Sie **eigene Vorlagen** für Ihre Einrichtung, die Sie immer wieder nutzen können. Speichern Sie die Vorlagen leicht auffindbar ab.

BEISPIELE
Nutzen Sie einen Aushang im nächsten Jahr wieder, indem Sie nur das Datum anpassen. Oder erstellen Sie eine Tabelle, in die sich Eltern eintragen können, und drucken Sie diese – vielleicht mit Anpassungen – erneut aus, wenn sie gebraucht wird.

2. **Fassen Sie ähnliche Aufgaben zusammen.** Schauen Sie sich zum Beispiel den kommenden Monat an. Überlegen Sie, welche E-Mails Sie in diesem Zeitraum an die Eltern versenden wollen. Dann verfassen Sie alle auf einen Schlag. Dazu müssen Sie nur einmal den Computer hochfahren und haben gleich alles auf einmal abgearbeitet. Das geht auch mit anderen Aufgaben, wie zum Beispiel Aushänge verfassen oder Texte überarbeiten.
3. **Planen Sie E-Mails vor.** In den meisten E-Mail-Programmen kann man auswählen, wann die E-Mail verschickt werden soll. Angenommen, Sie haben E-Mails verfasst, die zu unterschiedlichen Terminen versendet werden sollen, dann können Sie auch gleich deren Versand vorbereiten.

TIPP
Schicken Sie zunächst eine Testmail an Ihr eigenes E-Mail-Postfach.

BEISPIEL
Im Monat Mai möchten Sie folgende E-Mails an die Eltern schicken:
- 05.05. Erinnerung an den Betriebsausflug kommende Woche und den Schließtag
- 11.05. Veranstaltungstermine für die Vorschulkinder
- 11.05. Erinnerung an den Betriebsausflug morgen und den Schließtag
- 30.05. Einladung zum Sommerfest im Juli

Praxistipp – Digitale Werkzeuge für Einfache Sprache

Diese Übersicht über digitale Tools können Sie nutzen, wenn Sie mit Einfacher Sprache arbeiten.

KI-basierte Programme als Unterstützung bei der Texterstellung

Um Texte in Einfacher Sprache zu schreiben, können Sie auch KI-basierte Programme verwenden.

Wichtig: Bitte klären Sie vorher ab, ob die Verwendung dieser Tools in Ihrer Einrichtung erlaubt ist. Denn es kann berechtigterweise datenschutzrechtliche Bedenken dagegen geben.
Auch wenn Sie KI-basierte Programme nutzen dürfen, ist dennoch Vorsicht angebracht. Geben Sie **keinerlei persönliche Daten** ein, also keine Adressen, keine Namen von realen Personen. Seien Sie auch sonst mit Angaben zu Ihrer Kita oder zu den Kindern oder Eltern sehr zurückhaltend.
Allgemeine Informationen sind natürlich in Ordnung. Dann können es sehr **hilfreiche Werkzeuge** sein, um schnell und einfach Texte zu produzieren.

BEISPIEL

Schreiben Sie in die Zeile für den Prompt, also die Anweisung an die KI:
Schreibe eine Einladung zum Laternen-Umzug in der Kita am 10. November. Verwende kurze Sätze und einfache Wörter.
Damit erstellt die KI eine Textbasis, mit der Sie weiterarbeiten können. Prüfen Sie die Texte sorgfältig, die Ihnen die KI liefert. Sind sie inhaltlich korrekt und sind auch die Regeln für Einfache Sprache eingehalten?
Beachten Sie zum Thema Datenschutz: Im Prompt steht absichtlich nur „in der Kita" und nicht „in der Kita ‚Sonnenschein' in der Stadt XY".

Verständlichkeitsindex, um die Verständlichkeit prüfen

Um Texte auf Verständlichkeit zu prüfen, können Sie ein Werkzeug nutzen, das sich **„Verständlichkeitsindex"** nennt. Ein Verständlichkeitsindex befasst sich mit der Verständlichkeit von Texten, indem er **zählbare Elemente eines Textes misst**, zum Beispiel:

- die Länge der Wörter
- die Anzahl der Wörter im Text
- die Länge der Sätze

Das Ergebnis – bei den meisten Indizes ein Wert zwischen 0 und 100 – gibt Ihnen Hinweise darauf, ob Ihr Text leicht verständlich ist oder nicht. Bitte beachten Sie jedoch, dass hier nur die Quantität (Menge) und **nicht die Qualität** (Güte) bewertet wird.
Es gibt verschiedene Verständlichkeitsindizes. Wir empfehlen den **Flesch-Index** und den **Lesbarkeitsindex** (abgekürzt LIX), weil beide einfach zu bedienen sind und rasch zuverlässige Ergebnisse liefern. Außerdem sind beide auf kostenlosen Webseiten zu finden.

Wörterlisten des Goethe-Instituts – Wortwahl prüfen

Das Goethe-Institut gibt **Wörterlisten zu den verschiedenen Sprachniveaus** heraus. Diese finden Sie im Internet und können sie **kostenlos** herunterladen.
Diese Listen helfen Ihnen, wenn Sie Texte in Einfacher Sprache schreiben. Es geht nicht darum, sich streng daran zu halten. Sie sollen Ihnen vielmehr als **Orientierung** dienen.

Kopiervorlage

Kita-Checkliste Einfache Sprache (1/2)

Diese Checkliste hilft Ihnen dabei, zu überprüfen, ob Sie die Regeln für Einfache Sprache eingehalten haben. Sie können sie selbst nutzen und an Personen weitergeben, die Ihren Text Korrektur lesen, zum Beispiel an Testleser*innen.

Ebene der Wörter

- ☐ Verwenden Sie allgemein bekannte Wörter?
- ☐ Erklären Sie Fachbegriffe oder verzichten Sie darauf?
- ☐ Verwenden Sie einfache Wörter?
- ☐ Schreiben Sie Abkürzungen aus oder erklären diese?
- ☐ Nutzen Sie Verben statt Nomen?
- ☐ Verwenden Sie das gleiche Wort, wenn das Gleiche gemeint ist?
- ☐ Verwenden Sie einheitlich und durchgehend die gleiche Form von gendergerechter Sprache?
- ☐ Nehmen Sie notwendige lange Wörter auseinander?
(zum Beispiel „Kinderturnen" – „Turnen für Kinder")

Ebene der Sätze

- ☐ Nutzen Sie kurze Sätze (max. 12 bis 15 Wörter)?
- ☐ Verwenden Sie Aktivsätze anstatt Passivsätze?
- ☐ Können Sie Verneinungen in positive Sätze umwandeln?
Falls nein: Heben Sie nötige Verneinungen durch Fettdruck hervor?
- ☐ Schreiben Sie nur eine Information pro Satz?
- ☐ Verzichten Sie auf Redewendungen, Sprichwörter, Witze und Ironie?
- ☐ Bauen Sie Beispiele ein?
- ☐ Sind klare Aussagen vorhanden?
- ☐ Ist alles kurz und knapp, aber dennoch verständlich?

Kopiervorlage zum Download (s. S. 3)

Kopiervorlage

Kita-Checkliste Einfache Sprache (2/2)

Einfache Sprache in der Einrichtung einführen

Ebene des Textes

- ☐ Sagt der E-Mail-Betreff oder die Überschrift aus, worum es im Text geht?
- ☐ Sind alle wichtigen Informationen im Text sinnvoll angeordnet, zum Beispiel wichtige Infos zu Beginn oder zum Schluss, hervorgehoben oder wie in einer Einladung in der Mitte eingerückt?
- ☐ Stehen zusammengehörende Informationen auch zusammen im Text?
- ☐ Setzen Sie „neues Thema = neuer Absatz" um?
- ☐ Sind wichtige Informationen schnell zu finden?
- ☐ Ist der Text einfach und trotzdem freundlich geschrieben?
- ☐ Motiviert der Text zum Handeln, falls die Leser*innen etwas tun sollen? Sind Anweisungen klar als solche erkennbar?
- ☐ Ist ein roter Faden erkennbar?

Ebene der Gestaltung

- ☐ Verwenden Sie eine gut lesbare Schrift ohne Schnörkel?
- ☐ Ist die Schriftgröße gut lesbar und passt zur Textlänge?
- ☐ Ist der Zeilenabstand groß genug?
- ☐ Sind Sie sparsam mit Fettdruck oder anderen Hervorhebungen?
- ☐ Sind die wichtigsten Informationen hervorgehoben?
- ☐ Verwenden Sie Fotos, Grafiken oder Illustrationen?
- ☐ Haben Sie bei Bildern aus dem Internet die Bildrechte geklärt?

Abb. © Tori2 – Shutterstock.com

Kopiervorlage zum Download (s. S. 3)

Kopiervorlage

Spickzettel Einfache Sprache

Einfache Sprache in der Einrichtung einführen

Hängen Sie sich diesen Spickzettel laminiert als Merkhilfe ins Büro oder legen Sie ihn auf Ihren Schreibtisch. Sie können ihn verwenden, wenn Sie eigene Texte schreiben, aber auch für Elterngespräche oder Elternabende.

1. einfache Wörter
2. Fachbegriffe vermeiden oder erklären
3. Abkürzungen ausschreiben
4. möglichst Verben statt Nomen
5. gleiches Wort für das gleiche Ding
6. Verneinungen vermeiden
7. Aktivsätze statt Passivsätze
8. kurze Sätze, max. 12 bis 15 Wörter
9. Vorsicht bei Redewendungen und Wortspielen

DOWNLOADTIPP

Sie können den Spickzettel verkleinert ausdrucken und dann beispielsweise auf die Innenseite einer Schranktür im Gruppenraum kleben, in ein Notizbuch legen oder sich in die Hosentasche stecken. So haben Sie die Tipps auch für Elterngespräche griffbereit.

Handreichung – Vier Schritte zum Text in Einfacher Sprache

1. Informationen sammeln

Wenn Sie sich vor dem Schreiben über den Text Gedanken machen, fällt es Ihnen leichter, zielführend zu formulieren. Für **kurze Texte** können Sie sich ein paar **Stichpunkte** notieren. Für **längere Texte** machen Sie sich am besten **Notizen zu den folgenden Fragen**:

Was möchte ich mit meinem Text erreichen? – Ziel

Möglichkeit 1: Interessante Informationen weitergeben

BEISPIELE

- die Eltern zum neuen Kita-Jahr begrüßen
- berichten, dass demnächst ein*e Praktikant*in in der Gruppe ist

Möglichkeit 2: Wichtige Informationen weitergeben

BEISPIELE

- Aushang: Ansteckende Krankheiten
- Förderziele für die Vorschularbeit

Möglichkeit 3: Zum Handeln auffordern

BEISPIELE

- neue Windeln mitbringen
- gesundes Frühstück einpacken

Für wen ist diese Information? – Zielgruppe

- Für **alle Eltern** der gesamten Einrichtung
- Für eine bestimmte **Gruppe von Eltern**, zum Beispiel für die Eltern Ihrer Gruppe oder die Eltern der Eingewöhnungskinder
- Für **einzelne Eltern**, zum Beispiel für den Elternrat oder die drei Eltern, die das Essensgeld noch bezahlen müssen

Wie wichtig ist die Information? – Relevanz

- **Unwichtig**: Es wäre gut, wenn die Eltern sie lesen, aber der Alltag in der Kita und in der Familie laufen auch weiter, wenn sie sie verpassen.

BEISPIEL

Es ist egal, ob die Eltern wissen, dass ein*e Praktikant*in kommt. Vielleicht fragen die Eltern mal nach, wer die Person ist, das war's dann aber auch.

- **Wichtig**: Für mindestens eine Gruppe von Personen (Kinder, Fachkräfte, Eltern) ist diese Information wichtig. Alle Eltern sollten diese Information zumindest mitbekommen. Sie haben jedoch alternative Lösungen parat.

BEISPIEL

Sie bieten einen Nachmittag zum gemeinsamen Laternenbasteln an. Sie laden die Eltern ein, die Laternen mit den Kindern zu basteln. Das wäre für die Kinder wichtig, aber im Notfall basteln Sie die Laterne mit dem Kind.

- **Sehr wichtig**: Das sind Informationen, die den Alltag in der Kita oder in der Familie ordentlich durcheinanderbringen, wenn Eltern diese Informationen nicht haben.

BEISPIEL

Das beste Beispiel ist die Kita-Schließung. Viele Eltern haben ein großes Problem, wenn sie nicht wissen, dass die Kita geschlossen ist. Da stehen sie plötzlich mit dem Kind vor der verschlossenen Tür, haben aber einen wichtigen Termin bei der Arbeit.

Wie weit im Voraus müssen die Eltern die Information bekommen? – Zeithorizont

- **Weit im Voraus, ca. 6 bis 12 Monate** – das muss langfristig eingeplant werden. Dies gilt vor allem für Kita-Schließtage, Feste oder andere Termine, an denen sich die Eltern vielleicht Urlaub nehmen oder den Termin fest in ihren Kalender eintragen müssen.
- **Mit Zeitpuffer zur Vorbereitung, ca. 4 bis 8 Wochen im Voraus** – zum Beispiel Termine zum Elternabend oder die Verabschiedung einer langjährigen Fachkraft
- **Kurzfristig möglich, ca. 1 bis 20 Tage im Voraus** – zum Beispiel, dass Malpapier benötigt wird oder dass Sie ab sofort das Thema „Waldtiere" mit den Kindern behandeln

Welcher Kommunikationsweg ist der geeignete? – Medium

- Als E-Mail, Brief, Textnachricht, als Nachricht in der Kita-App, als Aushang?
- Wichtige Informationen sollten über verschiedene Wege kommuniziert werden.
- Wenn als Aushang, wo soll dieser hängen? Im Eingangsbereich, an der Informationstafel oder vor der Gruppe?

Wie oft gebe ich die Information weiter? – Erinnern

- Generell gilt: Je wichtiger, desto öfter.
- Einen Schließtag beispielsweise sollten Sie nicht nur im Kalender markieren, sondern per E-Mail versenden und mit einem Aushang noch einmal daran erinnern.

Brauche ich eine Antwort oder Handlung von den Eltern? – Reaktion

- Entscheiden Sie, ob die Eltern eine Antwort geben oder etwas tun sollen.

BEISPIEL

Die Eltern sollen Rückmeldung geben, ob sie die Notbetreuung in Anspruch nehmen.

- **Falls ja, wie sollen Eltern diese Antwort genau geben?**
- **An wen oder an welche Stelle** sollen die Eltern die Antwort geben? An eine bestimmte Fachkraft oder die Leitung? Gibt es zum Beispiel einen vorgefertigten Rückmeldezettel? Oder eine Liste, auf der Sie abhaken, von welchen Eltern Sie bereits eine Antwort erhalten haben?

2. Text verfassen

- Mit Ihren **Notizen zu den Fragen aus Punkt 1** haben Sie eine Basis für Ihren Text.
- Es ist einfacher, **aus vorbereiteten Informationen** einen Text zu verfassen, als aus dem Nichts einen Text herunterzuschreiben.
- Überlegen Sie, wie Sie die **Informationen im Text sinnvoll anordnen** können.
- Dann verfassen Sie **einen ersten Entwurf**, zum Beispiel mithilfe des „Spickzettels Einfache Sprache" (s. S. 64).

3. Text überprüfen/Text gegenlesen lassen

Wenn möglich, lassen Sie Ihren Entwurf ein bis zwei Tage liegen. Überarbeiten Sie ihn dann noch einmal. Überprüfen Sie anschließend, ob der Text den **Regeln der Einfachen Sprache** entspricht.

TIPP: JEMANDEN GEGENLESEN LASSEN

→ Insbesondere sehr wichtige Texte sollten Sie von einer anderen Person gegenlesen lassen. Wenn Sie den Text selbst verfasst haben, ist es schwierig, Fehler und Unklarheiten zu erkennen.
→ Im Idealfall lassen Sie Texte von Personen aus der Zielgruppe auf Verständlichkeit testen.
→ Auf Seite 74 finden Sie eine Anleitung zur Zusammenarbeit mit Testleser*innen.

4. Text gestalten

Im letzten Schritt geht es um die **Gestaltung**.

- Schauen Sie sich an, wie Sie den Text am sinnvollsten gestalten können, indem Sie beispielsweise wichtige Informationen mit Fettungen hervorheben können.
- Ist es sinnvoll, Informationen hervorzuheben oder den Text mit Bildern zu ergänzen?
  Wie werden die Inhalte am besten transportiert?

Dann ist Ihr Text fertig!

Kopiervorlage zum Download (s. S. 3)

Kopiervorlage

Text in Einfacher Sprache strukturieren

Einfache Sprache in der Einrichtung einführen

Was will ich?

Ich möchte Folgendes mitteilen ☐, vermitteln ☐ oder zu einer Handlung auffordern ☐:

....

An wen wende ich mich?

☐ alle Eltern
☐ Gruppe von Eltern
☐ einzelne Eltern: ....

Wie wichtig ist die Information?

☐ unwichtig
☐ wichtig
☐ sehr wichtig

Wie weit im Voraus müssen Eltern die Information bekommen?

☐ ca. 6 bis 12 Monate
☐ ca. 4 bis 8 Wochen
☐ 1 bis 20 Tage

Datum, an dem ich die Information spätestens weitergeben muss: ....

Über welchen Weg gebe ich die Information weiter?

☐ per E-Mail
☐ per Brief
☐ per App oder Textnachricht
☐ im Tür-und-Angel-Gespräch
☐ Aushang am Eingang
☐ Aushang an der Informationstafel
☐ Aushang vor der Gruppe
☐ Eintrag im Kalender
☐ Sonstiges: ....

Wie oft gebe ich die Information weiter?

☐ 1-mal ☐ 2-mal ☐ 3-mal

Generell gilt: Je wichtiger, desto öfter.

Brauche ich eine Bestätigung oder eine Antwort von den Eltern?

☐ ja ☐ nein

Falls ja, wie sollen Eltern diese Antwort genau geben?

....

Kopiervorlage zum Download (s. S. 3)

Kopiervorlage

Checkliste Texte überarbeiten

In dieser Checkliste finden Sie eine Übersicht typischer Texte (Aushänge, Elternbriefe usw.) im Kita-Jahr. Ergänzen Sie diese durch eigene Anlässe in Ihrer Einrichtung. Haken Sie die Texte ab, die bereits überarbeitet und auf Einfache Sprache geprüft wurden.

Texte im Kita-Jahr

- ☐ Start in das (neue) Kita-Jahr
- ☐ Brief Eingewöhnung
- ☐ Einladung zum Elternabend/zur Elternratswahl
- ☐ Information zum Erntedank-Fest
- ☐ Einladung zum Sankt-Martins-Umzug/Laternenfest
- ☐ Adventszeit – Einladung zur Feier, Information über gemeinsames Backen
- ☐ Information zu Schließzeiten an Weihnachten
- ☐ Information zur Faschings-/Karnevalsparty
- ☐ Information zu Schließzeiten an Ostern
- ☐ Information zu Schließzeiten an Maifeiertagen
- ☐ Einladung zum Sommerfest
- ☐ Einladung/Information zur Verabschiedung Vorschulkinder
- ☐ Information zu Schließzeiten in den Sommerferien
- ☐ ....
- ☐ ....
- ☐ ....
- ☐ ....

Sonstige Texte

- ☐ Informationen über den Betriebsausflug
- ☐ Information zu Festen und Feiertagen verschiedener Religionen
- ☐ Material- und Bedarfslisten
- ☐ Information zum pädagogischen Planungstag
- ☐ sonstige Informationen zu Situationen, die das ganze Jahr über auftreten können, wie zum Beispiel meldepflichtige Krankheiten oder Läuse
- ☐ Information zu Ausflügen
- ☐ Informationen zu pädagogischen Angeboten (wie zum Beispiel Lesepat*innen, Musikunterricht)
- ☐ Information zur Übernachtung in der Kita
- ☐ Information zu Vorschul-Veranstaltungen
- ☐ ....
- ☐ ....
- ☐ ....
- ☐ ....
- ☐ ....

Beispiel – Elternbrief zum Fragebogen für Eltern

Liebe Eltern,

uns ist es wichtig, dass Sie uns gut verstehen. Darum möchten wir von Ihnen wissen:

- Wie gut verstehen Sie Texte, die Sie von uns bekommen?
- Was können wir verbessern?

Dazu haben wir einen kurzen Fragebogen gemacht. Diesen senden wir Ihnen zusammen mit diesem Brief.

Wir freuen uns, wenn Sie diesen Fragebogen ausfüllen.
Das dauert ungefähr 5 bis 10 Minuten.

Vielen Dank!
Ihr Team der Kita „Sonnenschein"

TIPPS

- Sie können Ihre Variante des Textes zusammen mit dem Fragebogen als E-Mail verschicken.
- Bei manchen Eltern funktioniert das gut. Bei anderen ist es vielleicht sinnvoller, wenn Sie diese den Fragebogen direkt in der Kita ausfüllen lassen.

Kopiervorlage zum Download (s. S. 3)

Kopiervorlage

Fragebogen für Eltern (1/2)

Einfache Sprache in der Einrichtung einführen

Liebe Eltern,

wie finden Sie unsere E-Mails, Elternbriefe und Aushänge?

Bitte beantworten Sie dazu die Fragen auf dieser Seite und auf der nächsten.
Im Eingangsbereich ist eine Kiste. Werfen Sie bitte den Fragebogen dann dort ein.

Vielen Dank!

Wie gut fühlen Sie sich insgesamt von der Kita informiert?

Kreuzen Sie die passende Zahl an. (1 = sehr schlecht, 10 = sehr gut)

1	2	3	4	5	6	7	8	9	10

Wie bekommen Sie am liebsten Informationen von uns?

Nummerieren Sie von 1 bis 4. *(1 = am liebsten, 4 = weniger beliebt)*

.... per E-Mail

.... über Aushänge in der Kita

.... im Brief bzw. als Notiz zum Mitnehmen

.... per App/Textnachricht

Wie oft lesen Sie E-Mails, Elternbriefe und Aushänge?

Bitte ankreuzen, was am ehesten auf Sie zutrifft

Aushänge: immer ☐ meistens ☐ manchmal ☐ selten ☐ nie ☐

E-Mails: immer ☐ meistens ☐ manchmal ☐ selten ☐ nie ☐

Wie gut verstehen Sie unsere E-Mails, Elternbriefe und Aushänge?

Bitte ankreuzen, was am ehesten auf Sie zutrifft

☐ Sehr gut – sie sind einfach geschrieben.

☐ Gut – aber ab und zu frage ich mich, was Sie gemeint haben.

☐ Eher schlecht – die Informationen sind schwierig zu verstehen.

Abb. © Andrew Krasovitckii – Shutterstock.com

Kopiervorlage zum Download (s. S. 3)

Kopiervorlage

Fragebogen für Eltern (2/2)

Einfache Sprache in der Einrichtung einführen

Wie können wir unsere Aushänge verbessern?
Was wünschen Sie sich? Wie können wir noch besser kommunizieren?
Was würde Ihnen helfen, Informationen einfacher zu verstehen?

....

....

....

....

Zu welchen Anlässen, Situationen oder Informationen wünschen Sie sich mehr Aushänge oder E-Mails?

....

....

....

....

Wie können wir unsere Kommunikation weiter verbessern?

....

....

....

....

Abb. © RullyAnwar – Shutterstock.com

Praxistipp – mit Testleser*innen zusammenarbeiten

Wenn Sie Ihre Texte vereinfachen, ist es sinnvoll, Menschen aus den Zielgruppen für Einfache Sprache miteinzubeziehen, und zwar als Testleser*innen. Das hat den Vorteil, dass Sie die **Verständlichkeit Ihrer Texte testen** können, bevor Sie diese verschicken. Es lohnt sich, das systematisch anzugehen und eine **Gruppe von Testleser*innen** aufzubauen. Das sind meistens drei bis fünf Personen. Es können auch ein paar mehr sein, falls durch Urlaub oder Krankheit mal jemand ausfällt. Im Idealfall sollten immer ungefähr zwei bis drei Personen Ihren Text auf Verständlichkeit prüfen.

Testleser*innen sollten die folgenden Kriterien erfüllen:

- Sie sollten aus den **Zielgruppen für Einfache Sprache** kommen. In den meisten Fällen werden das **Eltern mit anderen Erstsprachen** sein.
- Sie sollten dennoch **ausreichend Deutsch** können, sodass sie über die Texte sprechen können.
- Sie sollten Ihnen offen **sagen, wenn sie etwas nicht verstehen**. Das ist wichtig, denn beim Testlesen ist falsch verstandene Höflichkeit oder Scham, nachzufragen, fehl am Platz.
- Sie sollten **offenes, ehrliches und konstruktives Feedback** zu Ihren Texten geben können.

Warum Sie ab und zu neue Testleser*innen brauchen

Die Mitarbeit in einer Testlesegruppe ist eine indirekte Sprachförderung. Daher kann es sein, dass die Teilnehmenden mit der Zeit Dinge verstehen, die sie am Anfang schwierig fanden. Darum brauchen Sie ab und zu unerfahrene Testleser*innen, damit Sie weiterhin sicher sein können, dass auch Personen mit weniger Sprachkenntnissen Ihre Texte verstehen.
Sinnvoll ist eine Mischung aus neuen und erfahrenen Testleser*innen. Das erleichtert Ihnen und der Gruppe die Arbeit und die „alten Hasen" erfahren sich als selbstwirksam. Das ist ein durchaus erwünschter Nebeneffekt.

TIPP

Denken Sie rechtzeitig daran, neue Eltern für diese Gruppe zu gewinnen, wenn Kinder und somit auch die Eltern die Einrichtung verlassen.

Testlesen in 9 Schritten

1. Sie laden die Testgruppe rechtzeitig ein.
2. Sie bereiten zwei bis drei Texte in Einfacher Sprache vor, je nachdem, wie lang diese sind, und drucken sie aus.
3. Sie kopieren die „Kita-Checkliste Einfache Sprache" (s. S. 62/63) in ausreichender Anzahl.
4. Sie stellen Getränke und Knabbereien für eine produktive und wertschätzende Arbeitsatmosphäre bereit.
5. Sie teilen den ersten zu testenden Text aus.
6. Die Testleser*innen lesen entweder allein oder maximal zu zweit, um eine möglichst authentische Lesesituation zu schaffen.
7. Die Testleser*innen notieren alles, was ihnen auffällt, sei es gut oder schlecht bzw. noch nicht verständlich oder übersichtlich genug. Zusätzlich können sie die „Kita-Checkliste Einfache Sprache" nutzen.
8. Wenn alle fertig sind, sprechen Sie in der Gruppe über den Text.
9. Sie überarbeiten den Text direkt während der Besprechung.

Wenn Sie neu mit einer Gruppe starten, erklären Sie in der ersten Sitzung die Regeln für Einfache Sprache. Dann wissen die Mitglieder, worauf sie achten sollen. Im Laufe der weiteren Sitzungen können Sie bei Bedarf wieder darauf hinweisen. **Nutzen Sie zum Prüfen der Texte entweder die „Kita-Checkliste Einfache Sprache"** oder den **„Spickzettel Einfache Sprache"**. Erstere eignet sich für längere Texte, letzterer auch für kurze oder für fortgeschrittene Gruppen.

DOWNLOADTIPP

Sie können die beiden benötigten Materialien auch ganz einfach downloaden (s. S. 3 für den Zugang).

Hören Sie Ihren Testleser*innen zu

Es kann passieren, dass die Gruppe bei einem Text von einzelnen Regeln abweichen möchte. Wenn sich beispielsweise alle einig sind, dass ein einfacher Passivsatz (zum Beispiel „Bei Sonnenschein müssen die Kinder eingecremt werden.") für alle gut zu verstehen ist, können Sie diesen verwenden. Es geht ja genau darum, einen für alle verständlichen Text zu erstellen, und nicht darum, sklavisch alle Regeln einzuhalten.

TIPP

Es muss nicht immer eine abendfüllende Sitzung sein. Es kann für einen einzelnen Text auch eine Online-Sitzung geben. In Ausnahmefällen können Sie den Text sogar per E-Mail oder Messenger verschicken und so ein Feedback einholen. Oder Sie verteilen den Text als Ausdruck an die Mitglieder der Gruppe. All das empfiehlt sich aber eher bei einer eingespielten Gruppe, bei der Sie sicher sein können, dass alle sich auch schriftlich äußern können.

Abb. © Tori2 – Shutterstock.com

Beispiel – E-Mail, um Testleser*innen zu gewinnen

Liebe Eltern,

uns ist es wichtig, dass Sie uns gut verstehen. Darum möchten wir unsere Texte einfacher schreiben. Zum Beispiel solche Texte:

- Briefe
- E-Mails
- Aushänge
- Merkblätter

Dafür brauchen wir Hilfe.

Wir haben ein paar Fragen an Sie:

- Deutsch ist nicht Ihre erste Sprache/Muttersprache?
- Möchten Sie Ihr Deutsch zusammen mit einer netten Gruppe verbessern?
- Haben Sie Zeit und Lust, regelmäßig Texte zu lesen, bevor wir sie anderen Eltern geben?

Haben Sie mindestens 2-mal Ja gesagt? Dann suchen wir Sie.

Das planen wir:

- Gemeinsam schauen wir uns in netter Runde einzelne Texte an.
- Wir erklären Ihnen, worauf Sie achten sollen.
- Den Termin dafür suchen wir gemeinsam.
- Das Treffen wird etwa ungefähr eine Stunde dauern.
- Ihre Antworten verbessern die Texte.

Möchten Sie uns unterstützen? Dann melden Sie sich bei uns. Wir freuen uns auf Sie!

Vielen Dank!
Ihr Team der Kita „Sonnenschein"

Über die Autorinnen

Rebekka Behrendt

Rebekka Behrendt wollte schon immer mit Kindern arbeiten oder Bücher schreiben. Sie entschied sich für die Ausbildung zur Erzieherin und arbeitete in einem Internat, bevor sie in den Elementarbereich wechselte. Ihre jahrelange Praxis erweiterte sie mit einem berufsbegleitenden Studium an der Hochschule Koblenz. Neben einem Bachelorabschluss in „Pädagogik der frühen Kindheit" erwarb sie die Anerkennung zur Sozialpädagogin.
Da auch ihr Interesse am Schreiben blieb, begann sie, beides zu verbinden. Mit ihren Büchern gibt sie pädagogischen Fachkräften praktische Hilfen an die Hand, um die pädagogische Qualität zu verbessern. 2022 hat sie das Buch „Transparente Kommunikation in der Elternarbeit. Von Aushang bis Wochenrückblick" veröffentlicht.
Mehr Informationen unter: www.rebekkabehrendt.de

Krishna-Sara Helmle

Krishna-Sara Helmle ist Trainerin und Übersetzerin für Einfache Sprache und für Leichte Sprache. Die Sprachwissenschaftlerin hat Französisch und Germanistik studiert und sich 2013 mit einem Büro für Leichte Sprache selbstständig gemacht. Zu ihren Kund*innen gehören Kitas und deren Träger, Institutionen der Sozialwirtschaft, kulturelle Einrichtungen, öffentliche Verwaltungen, Behörden und Unternehmen.
2017 hat sie im BDÜ-Fachverlag ihr erstes Fachbuch, „Leichte Sprache. Ein Überblick für Übersetzer", veröffentlicht.
Die Aus- und Weiterbildungspädagogin (IHK) möchte mit ihrer Arbeit dazu beitragen, sprachliche Hürden für alle überwindbar zu machen oder diese gar nicht erst entstehen zu lassen.
Mehr Informationen unter: www.leicht-verstehen.de